RHEINISCHES WAPPENBUCH

In memoriam
Dr. phil. Manfred Petry
dem lieben Freund
und vorbildlichen Kollegen

Rolf Nagel

RHEINISCHES WAPPEN BUCH

Die Wappen der Gemeinden,
Städte und Kreise
im Gebiet des Landschaftsverbandes
Rheinland

1986
Rheinland-Verlag GmbH · Köln
in Kommission bei
Dr. Rudolf Habelt GmbH · Bonn

Gedruckt mit Unterstützung
des Landschaftsverbandes Rheinland

CIP-Kurztitelaufnahme der Deutschen Bibliothek

Nagel, Rolf:
Rheinisches Wappenbuch : d. Wappen d. Gemeinden, Städte u. Kreise im Gebiet d. Landschaftsverb. Rheinland— / Rolf Nagel. — Köln : Rheinland-Verlag ; Bonn : Habelt, 1986.
ISBN 3-7927-0816-7

Abtei Brauweiler, 5024 Pulheim 2
Herstellung: Publikationsstelle des Landschaftsverbandes Rheinland
Redaktion: Angelika Dams
Reinzeichnungen: Ute Grüning
Gestaltung: Peter Hützen
Lithos: Peukert, Köln
Druck: B. Kühlen, Mönchengladbach
ISBN 3-7927-0816-7

Inhalt

Einleitung

Ein „Wappenbuch", wie es hier vorgelegt wird, ist seit Jahrzehnten ein Desiderat, doch standen die Zeitläufte und wenig glückliche Umstände seiner Herausgabe entgegen. Die seit den zwanziger Jahren einsetzende Wappenannahme auch der Gemeinden und Ämter wurde durch den Weltkrieg nur kurz unterbrochen. Ein ansehnlicher Teil der Hoheitszeichen der Gebietskörperschaften ist in dem verdienstvollen Werk „Deutsche Wappen" von Klemens Stadler enthalten, welches, seinem Redaktionsstand nach, bis um das Jahr 1970 reicht. Gerade zu dieser Zeit — und wenig früher — hatten die gesetzlich verankerten Gebietsreformen begonnen, die erst 1975 abgeschlossen wurden und von denen in Nordrhein-Westfalen keine Stadt oder Gemeinde und kein Kreis gänzlich unberührt blieben. Insgesamt sind mehr als 350 Wappen untergegangen oder verändert worden. Am Ende behaupteten sich in den beiden Regierungsbezirken Düsseldorf und Köln 178 Gebietskörperschaften, die alle Wappen sowie Siegel und Flaggen besitzen; deren Publikation ist wohl gerechtfertigt.

Im Verlaufe der Arbeiten an diesem Thema hat sich gezeigt, wie unsicher es um den genauen Kenntnisstand bei den wappenführenden Städten, Gemeinden und Kreisen bestellt ist und wie schwierig der urkundliche Beweis oft war. Weitaus die meisten, wenngleich nicht alle, antworteten auf drei Formschreiben des Herausgebers zu Einzelheiten über Ursprung, Bedeutung, urkundliche Genehmigung und Gebrauch des Wappens. Von besonderem Wert für die Forschung erwiesen sich für die preußische Zeit die Akten der „Bestände Regierungspräsidenten Aachen, Düsseldorf und Köln", für die nordrhein-westfälische Zeit ab 1946 diejenigen der Landesarchivverwaltung und des Innenministeriums im Hauptstaatsarchiv Düsseldorf sowie die dort geführte Wappenzentralkartei und die Dienstakten in Wappenangelegenheiten.

Der Aufbau des Wappenbuchs weicht von der bisherigen Praxis ab, indem die Orte nicht alphabetisch verzeichnet sind, sondern die Gliederung dem verwaltungspolitischen und geographischen Ordnungsschema folgt. Dieses Verfahren hat den Vorzug, den einzelnen Ort samt seinen eingemeindeten Teilen in seinem natürlichen Zusammenhang studieren, besser: vergleichen zu können; bildlich entstehen vor dem Leser heraldische Landschaften, die — dem Fachmann vertraut — sich als die alten territorialen politischen Strukturen erweisen: Von 23 Wappen im Oberbergischen Kreis und Rheinisch-Bergischen Kreis enthalten 17 das Wappentier der bergischen Grafen und Herzöge; die Wappen des Kreises Kleve etwa lassen auf Anhieb das Nebeneinander der Landesherren Kleve (Herzschild, Haspel) und Geldern (Mispel, Löwe) erkennen. Auch wesentlich jüngere Wappen wie die von Oberhausen, Heiligenhaus oder Troisdorf sind durch die Gestalt ihrer Figuren historisch aussagestark.

Sämtliche Wappen in Stadlers Buch waren für den Druck von Max Reinhart neu gezeichnet worden. Ein solches Verfahren erwies sich in unserem Falle als undurchführbar. Wir haben vielmehr die in den Genehmigungsverfahren eingereichten Reinentwürfe, die mit der Genehmigung durch die Aufsichtsbehörden urkundlichen Charakter erhalten, zu Vorlagen der Abbildungen genommen. Was gelegentlich als ästhetisch unvollkommen (Schildform, heraldisches Beiwerk) erscheinen mag, erweist sich so andererseits als urkundlich und dadurch rechtlich sicherer.

Allen Verwaltungen, Archiven und Personen, die bereitwillig Auskünfte erteilt haben, danke ich sehr. Manch anregendes Gespräch konnte ich mit Kollegen und Fachgenossen führen. Den Gestaltungswünschen der Gebietskörperschaften ist im Rahmen des Möglichen entsprochen worden. Historische Kronen in den Wappen (Essen, Köln, Neuss) sind erhalten worden. Möge das Buch bei Verwaltungen, Forschern und Freunden der Heraldik gute und nützliche Dienste tun!

Das Wappen als Hoheitszeichen

Jeder von uns kennt Wappen. Am bekanntesten ist der deutsche Wappenschild mit dem Adler (Abb. 1). Der Adler, das jahrhundertalte deutsche Wappentier, begegnet in den verschiedensten Formen: in Fahnen, auf Münzen, auf Banknoten, in Dienstsiegeln, nicht zuletzt ist der Adler im Deutschen Bundestag bekannt, der auf der Stirnseite des Hohen Hauses als Symbol der deutschen Souveränität prangt. „Als 1950 der alte Reichsadler zum Wappen der 1949 gebildeten Bundesrepublik Deutschland bestimmt wurde, knüpfte man bewußt an eine zweitausendjährige abendländische Tradition an."[1] Aber wer weiß, daß die Beschreibung des Wappens, „in Gold ein rot gezungter und rot bewehrter schwarzer Adler" lautet, daß dieses von Karl dem Großen aufgenommene Herrschafts- und Hoheitszeichen auf die Römer zurückführt?[2] Farben und Figuren der Wappen besitzen eine beträchtliche Aussagekraft, auch wenn das, was mit dem Zeichen ausgesagt werden soll, nicht jedem bekannt ist oder wie absichtlich verhüllt erscheint. Nicht nur der Staat, auch Personen und Personengruppen führen seit dem Mittelalter Wappen; und natürlich Gebietskörperschaften. Die Stadt Emmerich setzte ihr Wappen — „in Rot ein silberner Eimer" —, das ein redendes Wappen ist, in ihr erstes Stadtsiegel (1237) (Abb. 2). Das Recht auf Wappenführung ist ein uraltes Selbstverwaltungsrecht. Viele Städte und Gemeinden nehmen dieses Recht ausdrücklich in ihre Hauptsatzungen auf, in der sie die kommunalen Hoheitszeichen bestimmen und beschreiben.[3] Die nordrhein-westfälische Gemeindeordnung von 1952 und die Kreisordnung von 1953[4] garantieren das Recht zur Wappenführung, wobei die Bestimmungen der Deutschen Gemeindeordnung vom 30. 1. 1935 sinngemäß übernommen wurden.

So bietet sich uns die kommunale Heraldik als ein Teil der allgemeinen Heraldik mit geschichtlicher und rechtlicher Eigenart und Tradition dar. Die bildliche Darstellung des Schildes und seiner Figuren hängt ihrerseits immer vom Zeitgeschmack und von der künstlerischen Gestaltungskraft ab; in rechtlicher Hinsicht hat sie nur zweitrangige Bedeutung, da die Form beliebig sein kann, wenn nur der Inhalt des Wappens und seine Farben

[1] Klemens Stadler, Deutsche Wappen — Bundesrepublik Deutschland, Band 1, Bremen 1965, Seite XI.

[2] Wappen und Flaggen der Bundesrepublik Deutschland und der Bundesländer, hrsg. vom Bundesministerium des Innern, Bonn 1966.

[3] Als Beispiele nenne ich stellvertretend für viele: Hauptsatzung der Stadt Köln vom 12. August 1975, § 3 Siegel, Wappen und Flagge; Hauptsatzung für die Stadt Mülheim a. d. Ruhr vom 23. November 1979, § 4 Wappen, Flagge und Dienstsiegel; Hauptsatzung des Rhein-Sieg-Kreises vom 10. März 1980, § 3 Wappen, Dienstsiegel, Flagge.

[4] Zuletzt in der Fassung vom 1. Oktober 1979, GVNW S. 594 und S. 612.

Abb. 1 · Kaiser Heinrich VI. Grosse, Heidelberger Liederhandschrift, 14. Jh. (Universität Heidelberg)

klar erkennbar sind. Die Sorge des Staates „in heraldicis" innerhalb der kommunalen Aufsicht ist durchaus lobenswert. Dennoch hat in Preußen „das Heroldsamt eine unmittelbare Beschäftigung mit Kommunalwappen stets abgelehnt und sich nur dann gutachtlich darüber geäußert, wenn es ausdrücklich darum ersucht worden war".[5] Nach dem Untergang der Monarchie traten die Staatsarchive in die Gutachterfunktion ein. (S. 251, Anhang Nr. 12). Die Bestimmungen der Verwaltungsverordnung zur Gemeindeordnung in Nordrhein-Westfalen sind ein brauchbarer Rahmen, der dem Künstler bei der Gestaltung der Wappen genügend Raum läßt, so daß er bei neuen Wappen auch Formen und Bilder der modernen Umwelt aufnehmen kann. Als rechtlich bedenklich muß man jedoch die Formulierung eines unveröffentlichten Erlasses des Kultusministeriums aus dem Jahre 1976 ansehen, der lautet: „Szenische und figürliche Darstellungen in Perspektive sind nicht zulässig." Überhaupt sollte dieser Teil der Heraldik als Kunst dem Wappenherren und dem Maler überlassen bleiben und nicht kleinlichen Eingriffen mehr oder weniger sachkundiger Verwaltungsbeamter ausgesetzt sein.

Ein so hervorragender Fachmann wie J. P. Brooke-Little, Richmond Herald of Arms, schreibt über die Wappenführung in England: „Obwohl noch eine Menge Unwissenheit besteht, wie Wappen dargestellt werden, gibt es ermutigende Anzeichen dafür, daß freiere und bessere Vorstellungen Fuß fassen. Das Hauptproblem ist, die Leute und insbesondere die Gemeindekörperschaften von dem Standpunkt abzubringen, Wappen könnten nur in der genauen Form gemalt werden, in der sie auf den Genehmigungsurkunden erscheinen."[5a]

Trotzdem weiß der geübte Blick des Kenners den heraldischen Stil, der wohl im ausgehenden Mittelalter seine schönste Ausprägung erfahren hat, zu schätzen;[6] Ausgewogenheit der Proportionen, Kontraste der Farben, Umriß und Musterung der Flächen beweisen die Qualität eines Wappens. Nach einem künstlerisch mageren 19. Jahrhundert brachte das 20., und zwar besonders die Jahre ab 1945 mit einer deutlich spürbaren Lust am graphischen Stil, einen Aufschwung in der Heraldik.

Der im Jahre 1947 gesprochene Satz Bernhard Vollmers: „Man kann mit Genugtuung feststellen, daß im Rheinland schöpferische Kräfte für eine fruchtbare Fortentwicklung der Heraldik zur Verfügung stehen", gilt auch heute noch, wie die Entwicklung der Nachkriegsjahre beweist.[7]

[5] Johann Karl von Schröder, Kommunales Wappenwesen in Preußen 1855—1925, FS z. hundertjährigen Bestehen des Herold zu Berlin 1869—1969, Berlin 1969, S. 168.

[5a] Boutell's Heraldry, S. 286.

[6] Siehe das entsprechende Kapitel bei Ottfried Neubecker, Heraldik, Frankfurt 1977, S. 84, auch S. 112 ff. und S. 124 ff.

[7] Bernhard Vollmer, Die neuere Entwicklung der Gemeindewappen des Niederrheins, Düsseldorfer Jahrbuch, 44 (1947), S. 210—238.

Die Form des Wappens und seine Beschreibung

Nachdem die rechtliche Seite des Wappens als Hoheitszeichen bekannt ist, muß auf die formale und sprachliche Seite der Heraldik eingegangen werden, die als Wissenschaft natürlich strengen Regeln unterworfen ist. Diese sind nicht im 20. Jahrhundert entstanden, auch nicht willkürlich gesetzt worden; vielmehr stehen sie im Zusammenhang mit Funktion und Bedeutung des Wappenschilds im 12. Jahrhundert. Zur Kennzeichnung des vollgerüsteten Ritters war es notwendig, ihn durch Zeichen auf seinen Waffen, insbesondere Schild und Helm, zu unterscheiden. Dieses Zeichen tauchte auch auf der Pferdedecke, der bewimpelten Lanze und der Fahne des Ritters und seiner Einheit auf. Die sich im 14. und 15. Jahrhundert rasch wandelnde Militärtechnik ließ den Schild als Verteidigungswaffe an Bedeutung verlieren. Aus dem Waffenschild wurde der Wappen- und Turnierschild. Beizeichen und Rangmerkmale wurden auf dem Helm verwendet. Mit dem Untergang des Adels als eines verfassungsmäßig privilegierten Standes hört auch die kommunale Heraldik auf, Beiwerk und Zierat zu verwenden. Allein der Schild ist übriggeblieben; er aber ist notwendig für das Wappen, ohne Schild gibt es kein Wappen, sondern nur Zeichen oder Embleme. Das Wappen erfordert eine fachgerechte Beschreibung oder Blasonierung. „In Rot ein silberner Eimer", lautete zum Beispiel die Beschreibung des Emmericher Stadtwappens. Die Farben oder Tinkturen des Schildes und seiner Figuren sind nicht ohne Bedeutung und Sinn gewählt worden. Indem die Emmericher Bürger um 1600 Rot und Silber annahmen, gedachten sie ihres Landesherren: Es sind die klevischen Farben; der Eimer (niederdeutsch Emmer) „redet". Die Verbindung von klevischen Farben und „redendem" Symbol ermöglichte in einem überschaubaren politisch-geographischen Raum die Identifizierung des Wappens als Wappen der Stadt Emmerich.

Die Aufzeichnung, Überwachung und nötigenfalls Neugestaltung der Wappen oblag in alter Zeit den Herolden. „Item wird es in dem besagten Orden ein weiteres Amt geben, nämlich einen Wappenkönig mit dem Namen Goldenes Vlies, der klug, gut beleumdet, geschickt und für das Amt geeignet sein muß; der Herzog wird ihm einen Schild des Ordens verleihen, auf dem das Wappen des Herzogs abgebildet ist und den er sein Leben lang tragen muß." Der Herold fungierte als Botschafter des Ordens. „Item wird der Wappenkönig Goldenes Vlies sorgfältig die ruhmvollen, großen und ehrenhaften Taten des Souveräns und der Ritter des Ordens feststellen, über die er dem Sekretär wahrhaft berichtet, damit sie gebührend eingetragen werden."[8]

[8] Hauptstaatsarchiv Düsseldorf, Kleve Mark Akten 3175. Übersetzung aus den Statuten des Ordens vom Goldenen Vlies (1431).

Zwar kamen immer wieder Änderungen der Wappen vor, die oft auf Unachtsamkeit der Verwaltung, bisweilen auf politischen Wandel zurückgingen, jedoch im Normalfall wurde das einmal gewählte Wappen durch die Jahrhunderte hindurch beibehalten. So führt die Stadt Düsseldorf heute das Wappen „in Silber einen zwiegeschwänzten, blau gekrönten und blau bewehrten roten Löwen, in den Vorderpranken einen gesenkten blauen Anker haltend". Der Anker ist Symbol für die am Rheinstrom liegende Stadt, die 1288 von Graf Adolf von Berg ihre Stadtrechte erhielt; sein Wappentier, der rote Löwe, taucht seit dem 16. Jahrhundert im Stadtwappen auf. Die heutige Form, vor allem der Farbdreiklang Silber-Rot-Blau, bildete sich erst seit 1868 heraus. Früher waren der Anker goldfarben, die Krone des Löwen aus Gold und die Zunge aus Silber.

Nach diesen wenigen Beispielen — Deutschland, Emmerich, Düsseldorf — können wir aus der Anschauung zur Theorie der Beschreibung übergehen.

Zunächst wird immer die Form des Schildes beschrieben. Dabei kommt es vor, daß er nicht einflächig, sondern durch bestimmte Schnitte in mehrere Flächen aufgeteilt ist. Duisburg hat einen geteilten, Gummersbach einen gespaltenen, Hürth einen gespaltenen und geteilten Schild; diese Schnitte oder Heroldsstücke müssen nicht gerade verlaufen; sie können in den verschiedensten Weisen, rund oder zackig, den Schild durchschneiden und ihrerseits neue Figuren ergeben wie den Wellenbalken des Dormagener Wappens. Die Schnitte erhöhen die Anzahl der — denkbar möglichen — Wappen ganz beträchtlich. Hierauf folgt die Beschreibung der aufgelegten Bilder oder gemeinen Figuren, die aus der gesamten belebten und unbelebten Welt stammen können bis hin zu der Formelsprache der modernen Naturwissenschaft, wie sie im Wappen von Troisdorf begegnet, das eine chemische Formel assoziieren möchte.

Die heraldische Beschreibung beginnt stets oben und fährt von rechts (= vorne) nach links (= hinten) fort, wobei die Sicht vom fiktiven Schildträger ausgeht, für den Betrachter also seitenverkehrt wirkt. Die Stadt Rheinbach führt demnach folgendes Wappen: „Geteilt und unten gespalten; oben in Silber ein durchgehendes schwarzes Kreuz, unten vorn in Silber ein blauer Schlüssel, hinten in Rot am Spalt ein halber blau bewehrter silberner Adler." Es genügt in der Regel die Angabe der Farben der Heroldsstücke und gemeinen Figuren; aber Besonderheiten müssen gemeldet werden: Der Adler ist blau oder rot gezungt, bewehrt oder bewaffnet, wenn Schnabel, Zunge oder Krallen die entsprechende abweichende Färbung zeigen. Der Düsseldorfer Löwe beispielsweise ist blau gekrönt und zwiegeschwänzt; der Duisburger Adler ist ein Doppeladler, weil er zwei Köpfe besitzt. Die heraldischen Farben schließlich sind wegen des gewünschten Kontrastes wenige, nämlich die Metalle Gold und Silber, dargestellt durch Gelb und Weiß, und die Tinkturen Rot, Blau, Schwarz und Grün; Pelze sind heute außer Gebrauch gekommen. Eine Hauptregel der Heraldik fordert die Abfolge von Metallen und Farben, anders ausgedrückt: Metall soll nicht auf Metall und Farbe nicht auf Farbe liegen.

Daß Wappenannahme und Wappenführung ursprünglich und hauptsächlich Eigenrechte waren, erhellt gerade aus der Tatsache, daß alte Städte keinen Wappenbrief oder keine Verleihungsurkunde besitzen, genausowenig wie sie eine Stadtgründungs- oder Stadterhebungsurkunde vorweisen können. Das schließt nicht aus, daß man sich bei gewissen außergewöhnlichen Gelegenheiten seine Rechte bestätigen und möglichst verbessern ließ. So erwirkte die Stadt Neuss nach dem burgundischen Krieg 1475 Privilegien, in denen Kaiser Friedrich III. unter anderem den Reichsadler in Wechselfarben und das Recht, in rotem Wachs zu siegeln, verlieh. Die stolze Reichsstadt Köln erhielt nach dem Untergang des alten Reiches (1806) im Jahre 1811, als sie „bonne ville" des französischen Kaiserreichs geworden war, ein Wappen verliehen, das dem heraldischen System des kaiserlichen Frankreich entsprach: „Unter rotem Schildhaupt, darin drei goldene Bienen, in Rot drei silberne Spitzen".[9] Nach einem erneuten Nationalitätswechsel und nach ihrem Übergang an Preußen griff der Rat eine allgemein gehaltene und an die ehemaligen linksrheinischen Reichsstädte gerichtete Kabinettsordre des preußischen Königs, die ihnen die Wiederaufnahme des Reichsadlers gestattete, sofort auf und führte am 14. Februar 1818, den traditionellen Doppeladler mit dem aufgelegten Dreikronenschild wieder ein.

[9] Historisches Archiv der Stadt Köln, HAStK U 321.

Wappen und moderne Graphik

Neben dem Einfluß des herrschenden Kunstgeschmacks unterlagen die Wappen immer auch anderen geistigen Strömungen — und tun es noch heute. Das 17. Jahrhundert mit seiner blühenden Sinnbildkunst (Emblematik) hat aus heutiger Sicht nicht immer einen guten Einfluß auf die Heraldik ausgeübt. Jene hat diese vielfach geradezu überlagert. Heutzutage besteht die große Gefahr des unheilvollen Einflusses der Graphik auf die Heraldik. Dies äußert sich nicht so sehr in der eigentlichen Gestaltung der Wappen als vielmehr in der Art, wie die Heraldik im öffentlichen Bewußtsein erscheint, besser gesagt: aus ihm verdrängt wird. Bei Städten und Gemeinden breitet sich bedauerlicherweise unter Einfluß der alles vermarktenden Werbung ein Hang zu einer Art „visuellen Kommunikation" aus, die den Namen „Kommunikation" nicht verdient, zumal dadurch auch das Wissen um die ursprünglichen Bedeutungen der Zeichen schwindet.

Man will „modern", aufgeschlossen und bürgernah sein und verbannt oft alte Wappen, die ein gewachsenes Stück politischer Kultur darstellen, aus dem öffentlichen Blickfeld; stattdessen führt man neue Zeichen und Symbole ein, die weder schön noch aussagekräftig sind. Nur dem lauten Protest der Düsseldorfer Bürger ist es, beispielsweise, zu verdanken, daß ihnen ein „verkrüppeltes d" erspart geblieben ist. Die Erklärung des Oberstadtdirektors,[10] „es stand bei den Überlegungen, ein einheitliches Erscheinungsbild für die Stadt Düsseldorf zu schaffen, in keiner Phase zur Debatte, das hunderte Jahre alte Stadtwappen zu ändern oder abzuschaffen", klingt wenig überzeugend, da sie ganz offensichtlich verkennt, daß eben das Wappen das „einheitliche Erscheinungsbild" einer verfaßten Bürgergemeinde ist. Im Jahre 1978 hat die Stadt Neuss ein völlig überflüssiges „Nüsser N"[11] eingeführt, um ihr ‚visuelles Erscheinungsbild' zu modernisieren, und es mit dem Wappen verbunden, was, lese ich die Bildaussage richtig, nun nichts anderes heißt als: Neuss-Neuss.

Die Reihe ließe sich fortsetzen: Mönchengladbach ist die Stadt unter dem apfelgrünen Bogen, der Kreis Mettmann möchte sich mit dem Kürzel des Autokennzeichens ME repräsentiert wissen, Oberhausen sieht sich in einem hingepinselten mnemotechnischen O. vertreten, der Kreis Viersen läßt ein gewirktes Band ein V-ähnliches Zeichen bilden, die Gemeinde Marienheide bietet einen bunten Spielplatz an. Wie kurzlebig — Gott sei Dank — solche Signete oder Bilderrätsel sind, zeigt in manchem Falle die rasche Aufeinanderfolge verschiedener Zeichen. Was für die Wirtschaft recht und billig und nützlich ist, kann und darf nicht für politisch verfaßte Gemeinwesen gelten.[12]

[10] Schreiben vom 17. März 1980 an den Verfasser.

[11] Vgl. Rheinische Post vom 28. April 1978.

[12] Jacobi, Klaus, Vom Wappen zum Signet, in Neues Rheinland 1981, 10—13.

Neue Kommunalwappen nach 1945

Das Jahr 1945 bedeutet für das kommunale Wappenwesen nur insofern einen Einschnitt, als auf Anordnung der Militärregierung alle nationalsozialistischen Symbole zu entfernen waren. Für die ehemaligen Reichs- und Staatsbehörden, die ein Dienstsiegel führten, erließ der Oberpräsident für die Nord-Rheinprovinz die Aufnahme des Wappens der Rheinprovinz in die Dienstsiegel.[13] Auch bis dato nicht wappenberechtigte Gemeinden hatten entsprechend zu verfahren.[14] Diese Maßnahmen betrafen vorwiegend die staatliche Sphäre, da es den Gemeindeverbänden nach dem Reichssiegelerlaß vom 16. März 1937 (in Verbindung mit dem Erlaß des Reichsministers des Innern vom 9. September 1938) untersagt war, das Hoheitszeichen des Reiches zu führen. Mit dem Runderlaß des Oberpräsidenten vom 20. Mai 1946[15] wurde die Führung von Wappen in Dienstsiegeln von der Genehmigung durch die Militärregierung abhängig gemacht.[16] Dies hat in mindestens einem Falle dazu geführt, daß eine Gemeinde ein Wappen in Gebrauch nahm, das seit 1929 (!) bei den Gutachtern und Aufsichtsbehörden abgelehnt worden war.[16a] Die Nachkriegsjahre brachten vor allem die Annahme von Wappen durch viele Gemeinden, die vorher kein eigenes Wappen geführt hatten, nun jedoch von diesem Recht Gebrauch machen wollten. Im Kreise Düren nahmen in den Jahren 1965—1967 allein im Raum Vettweiß zehn Gemeinden Wappen an (Disternich, Froitzheim, Müddersheim, Soller, Sievernich, Ginnick, Gladbach, Lüxheim, Jakobswüllesheim, Kelz), die dann allerdings schon kurze Zeit später von der politischen Landkarte verschwanden, nämlich in den Jahren 1969 und 1971. Grund hierfür war die Gebietsreform der kommunalen Körperschaften. Hatte es gelegentlich freiwillige Flurbereinigungen zwischen den Gemeinden gegeben, so war es jetzt doch der Staat, der die kommunalen Neugliederungen maßgeblich betrieb.

Am Ende dieser Entwicklung der Jahre 1969—1975 — auf die jeweiligen Gesetze ist bei den Wappenerläuterungen Bezug genommen — blieben in den beiden Regierungsbezirken Düsseldorf und Köln 178 Gebietskörperschaften übrig, die alle ein Wappen führen. Der Schrumpfungsprozeß war außerordentlich stark: die gerade genannten zehn Gemeinden bilden heute die Gemeinde Vettweiß, und mithin ist ein einziges Wappen übriggeblieben. Im Kreise Viersen (früher Kempen-Krefeld) sind im Jahre 1969 noch

[13] Runderlaß vom 24. Juli 1945, MVBlatt des OP Nr. 1, 1945, S. 2.

[14] MVBlatt des OP Nr. 10, 1945, S. 49.

[15] MVBlatt Nr. 37, S. 217.

[16] Vgl. Hauptstaatsarchiv Düsseldorf, Regierung Düsseldorf Nr. 51136, die Akte enthält die Siegelabdrücke der Städte und Gemeinden des Regierungsbezirks Düsseldorf.

[16a] Vgl. das Beispiel Hellenthal.

27 Wappen nachgewiesen, heute sind es nur noch zehn. Der Kreis Wesel entstand 1975 aus den drei alten Kreisen Dinslaken, Moers und Rees.

Über die untergegangenen Wappen wird später zu berichten sein. Die Einführung notwendig gewordener neuer Wappen hat in den kommunalen Parlamenten und Verwaltungen bisweilen zu heftigen politischen Debatten und hitzigem Streit geführt. Im Unterschied zur Kommunalreform der Jahre 1909 und 1928/29, bei der kleine Gemeinden und Städte in benachbarte größere Städte eingegliedert wurden, ohne daß es zu Veränderungen der Hoheitszeichen gekommen ist — und dabei gingen ohne viel Aufhebens viele Wappen unter —, beanspruchten nunmehr viele Gemeinden entweder die Erhaltung ihrer Hoheitszeichen oder eine gebührende Berücksichtigung ihrer Interessen bei der Einführung eines neuen Wappens.

Auch andere Länder kennen die heraldischen Probleme der Kommunalreform. In England wurde durch Gesetz vom 1. April 1965 das Londoner Gebiet reformiert. Aus 70 Gemeindeverwaltungen (County, Metropolitan and non-County Borough Councils) und 15 Stadtbezirken, 85 insgesamt, wurden 32. Hätte man die Wappen der vereinigten Kensington (15 Felder) und Chelsea (9 Felder) zusammengefügt, so ist die Verwirrung leicht vorstellbar, die jedoch durch Annahme eines gänzlich neuen Wappens „Unter einem Hermelinschildhaupt, darin drei goldene Kronen, in Rot eine goldene Mitra" vermieden wurde. Freilich: „Many of the new arms are amalgams of the arms of the previous authorities from which they were composed".[17]

In dem angeführten Falle Vettweiß hat sich im Jahre 1969, als die Gemeinden Vettweiß und Müddersheim jeweils neugegliedert wurden, das Vettweißer Muttergotteswappen durchsetzen können; beim Zusammenschluß von Vettweiß und Müddersheim beschloß der Rat die Fortführung des Zeichens der namengebenden Gemeinde. Aber nicht immer ist der Name das ausschlaggebende Element gewesen, wie es der Altmeister Otto Hupp wünschte. Ebensowenig das Alter, wie die Beispiele Düsseldorf und Kaiserswerth (1928) oder Mönchengladbach-Rheydt-Wickrath (1975) zeigen: In dem einen ging der Doppeladler unter, in dem anderen mag vielleicht ein politischer Kompromiß gefunden worden sein, der jedoch heraldisch unzulänglich ist und nicht überzeugen kann.

Zwei äußerst gut gelungene Wappen sollen aus dem Bergischen und vom Niederrhein erwähnt werden, da sie Ortstraditionen in heraldisch einwandfreier Formensprache aufnehmen. Die 1974 neugegliederte Stadt Velbert besaß wie Neviges und Langenberg ein Wappen. Aus den jeweiligen Figuren Schlüssel (Velbert), Eicheln (Langenberg) und Sparren (Neviges) der nicht unbedingt als heraldische Meisterwerke anzusprechenden alten Wappen schuf Professor Walther Bergmann 1974 das neue Wappen, das

[17] Boutell's, S. 280. „Viele der neuen Wappen sind Mischungen aus den Wappen der vormaligen Hoheitsträger, aus denen sie zusammengesetzt wurden."

bei aller Gleichheit als demokratischer Tugend dennoch dem namengebenden Teil Velbert einen gewissen Vorrang einräumt. Das niederrheinische Kerken ist aus dem politischen Zusammenschluß der Ämter Aldekerk und Nieukerk entstanden. Diese Namengebung ist vortrefflich, da ihre dialektale Form die alten historischen Namen fortführt und die bloße Namensnennung schon eine geographisch annähernde Ortsbestimmung in Niederdeutschland ermöglicht. Das ikonographische Programm des neuen Wappens — die heraldischen gemeinen Figuren — nimmt, vom Namen ausgehend, die Tradition der Orte Nieukerk und Aldekerk mit ihren beiden, weit ins Land blickenden Kirchenbauten auf, denen der Grafiker Edwin-Arnold Pleiner die geldrische Rose als territoriales Erkennungszeichen beifügte, alles dies in rot-silber gespaltenem Schild in verwechselten Farben.

Das Annahme- und Genehmigungsverfahren

Weitaus die meisten Gebietskörperschaften haben in Nordrhein-Westfalen gemäß der Verwaltungsverordnung zur Gemeindeordnung ihre Hoheitszeichen, Wappen, Siegel und Flaggen angenommen.[18] Diese Verordnung garantiert die alten Zeichen mit dem Satz: „Die Gemeinden führen ihre bisherigen Wappen." Eine Änderung oder Neueinführung der Wappen, wie sie die Kommunalreform notwendig machte, verlangt gleichsam als Minimalforderung seitens der staatlichen Aufsichtsbehörden nur die Beachtung der Regeln der Wappenkunde; als sachliche Anhaltspunkte werden Einfachheit, Klarheit und Übersichtlichkeit genannt sowie die Berücksichtigung praktischer Gesichtspunkte gefordert.

Wie diese Forderung die Heraldik einengt, weiß nicht nur jeder, der einmal amtlich ein solches Verfahren durchgeführt hat, sondern vor allem der heraldische Wissenschaftler, sei es daß er als Gutachter an einem Genehmigungsverfahren beteiligt war oder als Forscher post festum den Sachverhalt untersucht. Dem Gesetzgeber ist die Schwierigkeit der Materie durchaus bewußt, da er in der Verwaltungsverordnung die Genehmigung der Insignien von der schriftlichen Stellungnahme des Staatsarchivs abhängig macht. „Das Staatsarchiv prüft Form und Begründung der Siegel, Wappen und Flaggen und schlägt die endgültige Beschreibung vor." Anders ausgedrückt ist das Staatsarchiv wegen seiner Fachkompetenz in den drei wissenschaftlichen Disziplinen von Heraldik, Sphragistik und Vexillologie zur Beurteilung aufgerufen, wird aber bei eben dieser Aufgabe durch die Verwaltungsverordnung eingeschränkt, die unzulässigerweise die zu beurteilenden Gegenstände vermengt. Zwar sind Wappen, Siegel und Flaggen Hoheitszeichen und als solche natürlich verwandt, jedoch ist ihre Funktion nach Ursprung und Anwendungsbereich unterschiedlich. Das Wappen — und ähnlich die Flagge — ist ursprünglich ein Erkennungszeichen aus dem Militärbereich und soll deshalb klar und einfach sein. Das Siegel jedoch ist ein Verschluß- und Beglaubigungsmittel, das ursprünglich das Bild seines Inhabers zeigte, wohl gehütet und bei dessen Tod zerbrochen wurde; aus Gründen der Mißbrauchsgefahr war es möglichst kunstvoll gestaltet; es gehört in den Bereich des Urkundenwesens und der Verwaltung. Mögen sich die Unterschiede im Verlaufe der Jahrhunderte auch abgeschwächt haben, ihrem Charakter nach bestehen sie fort. Die Verwaltungsverordnung nun erhebt eine vielfach geübte Praxis, die nicht notwendig und schon gar nicht zwangsläufig ist, nämlich die Aufnahme des Wappens in ein Siegel, zum Grundsatz: „Soweit Gemeinden das Recht zur Wappenfüh-

[18] Min.- Blatt vom 30. Dezember 1969, S. 2143, § 11.

rung besitzen, führen sie ihr Wappen auch im Dienstsiegel", und, in der Begründung noch fragwürdiger: „Die Einführung oder Änderung von Wappen kann nur genehmigt werden, wenn zugleich entsprechende Anträge für das Dienstsiegel vorgelegt werden." Und für die Flaggen besteht die Koppelung der Sachgebiete in dem Satz: „Die Farben der Gemeindeflagge müssen den Wappenfarben entsprechen."

Übrigens ist die deutsche Entwicklung keine Ausnahme. Unser Nachbarland Belgien zwingt die Gemeinden sogar zur Führung kommunaler Insignien.[19]

Diese Rechtslage hat zu der gelegentlich anzutreffenden irrigen Meinung beigetragen, Wappen und Siegel seien identisch.[20]

Andererseits waltet auf diesem Feld doch soviel Freiheit, daß der Gebrauch historischer Siegel erlaubt ist, wie die Stadt Köln mit ihrem Petrussiegel zeigt.[21]

Warum der Innenminister in Aufrechterhaltung preußischer Tradition die Staatsarchive mit den heraldischen Gutachten beauftragt hat,[22] erklärt sich aus dem Sachverstand dieses Instituts, das die notwendigen historischen Quellenbelege aufbewahrt. In den meisten Fällen setzt sich der Antragsteller schon vor dem eigentlichen Genehmigungsverfahren mit dem Staatsarchiv in Verbindung. Die gemeinsamen Beratungen führen fast immer zu heraldisch vertretbaren, jedenfalls den Bestimmungen genügenden Ergebnissen. Besonderes Augenmerk ist dabei auf die einwandfreie Blasonierung, die historische Begründung und nicht zuletzt auf die Richtigkeit der Entwürfe (Bildurkunde) zu legen. Der Innenminister, seit 1969 der Regierungspräsident, stellt die Genehmigungsurkunde — auf Urkundenpapier und mit dem großen Landessiegel beglaubigt — aus. Diese ist der heutigen Zeit entsprechend nüchtern und sachlich.

Allein in England stellt der zuständige Herold noch im Namen der Königin eine pergamentene Schmuckurkunde aus.[23]

Als beliebiges Beispiel sei die vollständige Urkunde für eine Wappen-, Siegel- und Flaggengenehmigung abgedruckt. Sie dient uns erneut dazu,

[19] Decreet vom 28. Januar 1977 Art. 1, Belgisch Staatsblad; für Brüssel und das frankophone Gebiet gilt der kgl. Erlaß vom 6. Februar 1837, der die Aufnahme des Wappens in das Siegel vorschreibt.

[20] Schreiben des Bürgermeisters der Gemeinde Jüchen vom Dezember 1980 an den Autor.

[21] Toni Diederich, Die alten Siegel der Stadt Köln, Köln (1980).

[22] Kürzlich noch schrieb der Regierungspräsident Düsseldorf an den Autor (9. 2. 1982): „Die aufgezeigte Verfahrensweise hat sich bewährt." In einem Streitfalle ließ der Regierungspräsident Köln am 10. 8. 1978 verlauten: „Die gutachterliche Stellungnahme des Hauptstaatsarchives ist aber wegen seiner Sach- und Fachkunde unerläßlich und ist Grundlage für die Entscheidung des Regierungspräsidenten."

[23] Vgl. Neubecker, S. 38—39.

eine fachgerechte Blasonierung und eine schöne Anwendung des Wappens in einer Wappenflagge kennenzulernen. Die Wappenfigur ist ohne Schild raumausfüllend in das Fahnentuch gesetzt, und das gleichermaßen bei Hißflagge und Banner:

Urkunde

Auf Grund des § 10 Abs. 3 der Kreisordnung für das Land Nordrhein-Westfalen i. d. F. der Bekanntmachung vom 19. Dezember 1974 (GV.NW. 1975 S. 84/SVG.NW. 2021) i. V. mit § 1 der Verordnung zur Genehmigungspflicht kommunaler Dienstsiegel, Wappen und Flaggen vom 12. September 1969 (GV.NW. S. 685/SVG.NW. 2023) genehmige ich, daß

der Kreis Wesel

ein Wappen, ein Dienstsiegel und eine Flagge (Banner, Hißflagge), wie in den angehefteten Entwürfen dargestellt, führt.

Wappenbeschreibung:
Im Grün eine silberne Kopfweide.

Siegelbeschreibung:
Umschrift: oben: Kreis Wesel
Siegelbild: Im schwarzen Siegelrund eine weiße Kopfweide.

Flaggenbeschreibung (Banner, Hißflagge):
In grünem Tuch eine weiße Kopfweide.

Az.: 31.21.04 — 27
Düsseldorf, den 14. Juli 1978
Der Regierungspräsident
In Vertretung L.S.

So einfach das Weseler Kreiswappen auch erscheinen mag, es ist dennoch ein Stück guter Heraldik. Denn es sind nur zwei, außerdem kontrastreiche, Farben verwendet; die gemeine Figur, eine Kopfweide, ist in der Landschaft auf Schritt und Tritt zu sehen; die dreizehn Zweige sind nicht dem Zufall überlassen, sie symbolisieren die kreisangehörigen Gemeinden und Städte, wie die drei Wurzeln die erloschenen Kreise Dinslaken, Moers und Rees bedeuten, aus denen der Kreis Wesel erwachsen ist.

Der heraldische Streit

Im kommunalen Wappenwesen kommt ein heraldischer Streit selten vor. Natürlich muß sich der Wappeninhaber vor Mißbrauch schützen. Schon aus Eigennutz wird er darauf achten, daß kein anderer sich mit seinen Symbolen schmückt. Nimmt man den Adler, der in den Wappen von Aachen, Alpen, Dortmund, Brauweiler (historisch), Düren, Duisburg, Essen, Neuss — und ich nenne nur diese — enthalten ist, so ist trotzdem kein Streit bekannt geworden, da der Adler entweder ein Beizeichen führt oder seine Tinktur oder Bewehrung die notwendige Unterscheidung erlaubt. Selbst bei den identisch blasonierten Schilden von Aachen und Dortmund besteht durch die jeweils eingeführte unterschiedliche Ausmalung keine zu Verwechslung Anlaß gebende Identität, obgleich die Aussage der Wappen übereinstimmt: Sie erinnern an ihre historische Vergangenheit als Reichsstädte. Hier soll an zwei im Genehmigungsverfahren entstandene Streitfälle erinnert werden, die beide mit der Versagung des beantragten Zeichens endeten.

Die Gemeinde Hellenthal beantragte im Jahre 1929 ein Wappen, das damals schon bei den Gutachtern wenig Anklang fand, weil es kompliziert und wenig geschmackvoll war. Der Entwurf zeigte einen quadrierten Schild mit den Feldern Rheinprovinz, Hellenthal (alt), Grafen von Manderscheid-Schleiden und Grafen zu Salm-Reifferscheid, der sehr unruhig wirkte. Sowohl das Preußische Staatsarchiv Düsseldorf als auch das Geheime Staatsarchiv Berlin lehnten den Vorschlag ab. Die Angelegenheit ruhte danach geraume Zeit. 1946 nahm die Gemeinde ihren alten Entwurf als Wappen an, wobei sie sich auf eine Genehmigung durch die britische Militärregierung berief. Vermutlich wurden hier Wappen und Siegel gleichgesetzt und eine Unbedenklichkeitserklärung des Dienstsiegels, das kein nationalsozialistisches Emblem enthielt, als Genehmigung des Wappens verstanden. Tatsächlich fehlen alle urkundlichen Beweise. Bei der Neugliederung Hellenthals im Jahre 1970 beantragte die Gemeinde die Genehmigung zur Weiterführung des — nicht genehmigten — Wappens. Das Nordrhein-Westfälische Hauptstaatsarchiv lehnte die Entwürfe 1971 ab und wies besonders die Begründung, es handele sich um ein historisches Wappen, zurück. Eine beratende Tätigkeit in Richtung auf einen anderen Entwurf war dem Staatsarchiv nicht möglich, da die Gemeinde bei ihren Vorstellungen beharrte. Den entsprechenden Antrag Hellenthals bei der Aufsichtsbehörde lehnte diese ab: „Als entscheidende Behörde habe ich diese Begutachtung zu berücksichtigen, insbesondere, wenn sie zweifelsfrei ist. Dieses ist hier der Fall."[24]

Der zweite bekannte Streitfall bezieht sich auf die Flagge der Gemeinde Niederkassel im Rhein-Sieg-Kreis. Die in der Verwaltungsverordnung zur

[24] Regierungspräsident Köln, AZ 31.21.04 vom 7. Januar 1980.

Gemeindeordnung vorgesehene Verständigung zwischen Gemeinde und Archiv mit dem Ziele, heraldisch einwandfreie Entwürfe herzustellen, fand nicht in der gewohnten und bewährten Weise statt. Niederkassel beharrte auf einer Flagge Grün-Weiß-Rot (1:3:1) unter Mißachtung der Verwaltungsverordnung und eines Erlasses des Kultusministers (1976), die dreifarbige Flaggen verbieten. Die Gefahr der Verwechslung war bei dem Niederkasseler Entwurf besonders groß, da Grün-Weiß-Rot die Landesfarben sind. Die Genehmigung wurde versagt.

Andere Fälle sind nicht bekannt geworden. So konnte der Regierungspräsident in Düsseldorf 1982 bestätigen: „Auch durch Einsichtnahme in eine mir vorliegende Urteilssammlung habe ich feststellen können, daß Rechtsstreitigkeiten zwischen Kommunen und Aufsichtsbehörden in diesem Bereich offenbar nicht gerichtsanhängig geworden sind."[25]

[25] Regierungspräsident Düsseldorf, AZ 31.21.01 vom 9. Februar 1982.

Das ikonographische Programm der rheinischen Kommunalwappen

Die Bildersprache der Wappen ist wohl ursprünglich ohne tieferen Symbolwert gewesen, wenngleich gerade bei Personen gewisse — durch Antike und Bibel vorgeprägte — Beziehungen zwischen Bild und Person hergestellt worden sind.[26]

Die ältesten und einfachsten korporativen Wappen am Niederrhein sind „redende" Wappen, bei deren Annahme der Name ausschlaggebend war: ein Eimer für Emmerich, ein Pfeil (mittelhochdeutsch „strael") für Straelen, ein Wiesel für Wesel, ein Kleeblatt für Kleve. Das Vorbild ist im 20. Jahrhundert aufgegriffen und erneut angewendet worden, wie die Wappen der Gemeinde Kerken und der Stadt Haan zeigen.

Eine Vielzahl von Wappenherren bemühte sich, besonders seit der zunehmenden Verbreitung des Wappenbrauchs im Spätmittelalter, das örtliche Zeichen näher zu bestimmen, indem sie es mit dem Wappen des Stadtgründers (Territorialherren) oder Reichsoberhaupts verbanden. Kalkar drückte seinen städtischen Charakter, der allgemein in der Befestigung mit Mauern und Türmen seinen sichtbaren Ausdruck fand, dadurch aus, daß es Zinnentürme — pars pro toto — in den landesherrlichen Schild setzte. In solchen Fällen kann auch das redende Motiv erhalten bleiben, wie die Kraniche der befestigten Stadt im Kranichenbruch beweisen. Wegen seiner formalen Besonderheit ist das Essener Wappen erwähnenswert: „der Stadt Zeichen", das 1399 bestätigte Schwert, wird ab 1623 um den kaiserlichen Doppeladler vermehrt und fortan als Allianzwappen geführt, wobei dem Kaiserwappen der vordere bessere Platz eingeräumt wird. Ihren reichsbezogenen Ursprung bewahrt auch die Stadt Duisburg, doch sie setzt Reichsadler und Burg in einen Schild.

Sicher ist es auch als Zeichen der Festigung der Territorien anzusehen, wenn die landesherrlichen Symbole immer zahlreicher in den korporativen Hoheitszeichen, Wappen und Siegeln, auftauchen. Besonders deutlich wird dies in Jülich-Berg seit der Gerichtsreform des Jahres 1555. Es darf fortan als Regel angesehen werden, das Zeichen des Landesherrn (das Kreuz Kurkölns, die Löwen von Berg, Geldern, Jülich, die klevische Lilienhaspel und das märkische Schach) mit einem lokalen Beizeichen vereint zu finden.

Ein weiteres wappengebendes Bild sind Darstellungen der christlichen Heiligen oder ihrer Attribute als Pfarr- oder Diözesanpatrone. Beispiel mag uns das Krefelder Wappen sein, zusammengefügt aus den Wappen von Krefeld und Uerdingen (hl. Dionysius und Petrusschlüssel), die in der Erz-

[26] Vgl. Georg Scheibelreiter, Tiernamen und Wappenwesen, Wien — Köln — Graz 1976.

diözese Köln weit verbreitet sind. Der Rost im Wuppertaler Wappen ist das Attribut des hl. Laurentius, des Elberfelder Stadtheiligen.

Auf diese Art der Wappenschaffung greifen jüngste Schöpfungen zurück, bei denen das Erkennen manchmal recht schwierig sein kann. Ist im Wappen von Rheurdt das Hirschgeweih mit dem Kreuz vielleicht noch als stellvertretend für die Hubertuslegende bekannt — Gemeinde Rheurdt, wo der hl. Hubertus Pfarrpatron der Schaephuysener Kirche ist —, stellen die drei Äpfel zunächst ein Rätsel dar und werden erst verständlich, wenn sie in Verbindung mit dem hl. Nikolaus, Pfarrpatron der Rheurdter Kirche, als die Brote dieses Heiligen erkannt werden. In Kaarst ist vom hl. Martin nur der geteilte Mantel übriggeblieben; diese Szene freilich ist durch das Brauchtum längst allgemein bekannt geworden. Fast 50 Jahre nach schweren Angriffen auf derartige Formen historischer Tradition ist die damalige (1935) Stellungnahme des Preußischen Staatsarchivs immer noch gültig: „Ein bewußter Verzicht auf die kirchliche Vergangenheit wird sehr oft ein Verzicht auf die bekannte Vergangenheit überhaupt bedeuten, an die alte Gemeinden doch gern im Wappen erinnern möchten."[27]

Im 19. Jahrhundert entstanden erstmals Wappen, die mittelalterliche Verfahrensweisen sinngemäß anwandten und bei der Wappenschöpfung berücksichtigten. Die 1874 gegründete Stadt Oberhausen zum Beispiel ist ein Zentrum der Industrie und nahm, da sie andere Traditionen nicht aufzuweisen hatte, die Zeichen von Handel, Industrie und Bergbau als Wappen an. Ähnlich verfuhr die Gemeinde Heiligenhaus, seit 1947 Stadt, als sie unter Bezugnahme auf die lokale Eisenindustrie 1937 eiserne Werkzeuge und einen Amboß in den Wappenschild setzte. Der neue Großkreis Wesel nahm, wie schon erwähnt, ein Bild aus der Landschaft — die niederrheinische Kopfweide — an (1975), die Stadt Troisdorf ein Merkzeichen, den Buchstaben T in einer Form, die an eine chemische Formel denken läßt und dadurch auf die lokale chemische Industrie hinweist.

Daß die kommunale Neugliederung auch sehr bedeutende Einbrüche in das Wappenwesen mit sich gebracht hat, ist bekannt. Neben mancher anspruchsvollen Neugestaltung — man sprach zeitweise von der Durchforstung der Löwenlandschaft — darf nicht verschwiegen werden, daß bekannte lokale Traditionen mit dem Untergang ihrer Bilder aus dem Bewußtsein der Bevölkerung verdrängt wurden. So schön das neue Dormagener Wappen auch ist, es enthält kein wirkliches auf die Stadt ausschließlich bezügliches Symbol mehr. Der jülichsche Löwe und das kurkölnische Kreuz entgrenzen dieses Wappen, während das alte Wappen Dormagens mit der Hauptfigur des hl. Michael, der in dem um 1300 entstandenen Schöffensiegel enthalten ist, ein wirklich begrenztes und lokal bekanntes Erkennungszeichen war. So war auch das alte Zonser Wappen mit dem Kirchenpatron St. Martin — seit 1347 auf dem Schöffensiegel bekannt — und dem kurkölnischen Obereck ein echtes Ortswappen.

[27] Hauptstaatsarchiv Düsseldorf, Regierung Düsseldorf 51138.

Es steht zu hoffen, daß die Wappen mit dem Zusammenwachsen der Städte und Gemeinden auch als neue gemeinsame Repräsentationszeichen angenommen werden und daß die Bevölkerung sich mit ihnen identifiziert. Die Heraldik ist anpassungsfähig und lebendig, sie kann lokal eingegrenzte Traditionen oder regional und territorial bekannte Zeichen, ja sogar ganz neue Figuren und Ausdrucksformen aufnehmen und bewahren. Welche Auswirkungen historische Entwicklungen haben können, ist daran abzulesen, daß, nachdem die Verwendung des preußischen Hoheitszeichens in der Gemeindeheraldik untersagt war, heute, nach dem Untergang des Preußischen Staates, keine symbolische Erinnerung an ihn in den gemeindlichen Insignien besteht. Allein der Landschaftsverband Rheinland bewahrt die Erinnerung an das preußische Rheinland (1815—1946) durch die Übernahme des Wappens der Rheinprovinz, das 1926 um ein silbernes Schildhaupt mit dem schwarzen Preußenadler vermehrt worden war.

Die erloschenen und dadurch historisch gewordenen Wappen der Kommunen haben zwar ihren Rechtscharakter eingebüßt, sind jedoch wertvolle historische Zeugen. Sie sollten in ihrem ehemaligen Geltungsbereich unbedingt erhalten werden. Sinnvoll ist es, sie im oder am Rathaus anzubringen und so Stadtgeschichte darzustellen. Besonders augenfällig bleibt, um ein Beispiel anzuführen, ein rheinisches Wappen an einem historisch bemerkenswerten Gebäude erhalten: Das am Wasserturm in Richtung auf Markt und Abteigebäude stadtwärts gekehrte alte Gladbacher Vituswappen.

Wappenführung heute

Manches über Recht und Kunst der Wappen ist schon gesagt worden. Klar ist auch die Funktion des Wappens als Hoheitszeichen, wenngleich den meisten Zeitgenossen die Fahne als solches bekannter ist. Über moderne Wappenführung sagt ein Lehrbuch der Heraldik in wenigen Worten sehr viel: „In der Heraldik gibt es Unveränderliches und Veränderliches. Nicht verändert werden dürfen die Farben und der Inhalt des Schildes. Alles übrige kann entweder nach der Persönlichkeit des Wappenträgers oder nach dem Geschmack des Künstlers modifiziert werden."[28] Ob beispielsweise das Krefelder Wappen (S. 47) in der modernen Zeichnung, die sich durch einfache und klare Linienführung auszeichnet, gezeigt wird oder in der 30 Jahre alten Fassung des damals bekanntesten rheinischen Heraldikers, Wolfgang Pagenstecher, die etwas plastischer und realistischer ist, es bleibt immer ein von Silber gespaltener Schild und hinten von Blau und Rot geteilt; der Schildinhalt bleibt immer die Figur eines Bischofs, sein Haupt in der linken, den Bischofsstab in der rechten Hand, zu seinen Füßen der Moerser Schild und hinten zwei goldene Schlüssel mit seitlich je einem kurkölnischen Schild. Leider ist über die Gestaltung von Wappen manch unnützer und überflüssiger Streit entstanden, der bei etwas mehr Sicherheit und Formgefühl des Wappeninhabers vermeidbar gewesen wäre.

Fragen wir jetzt nach dem Gebrauch des Wappens, so begegnet es vornehmlich überall dort, wo sein Inhaber gegenwärtig ist und seine Hoheit anzeigen will. Das ist bei kommunalen Körperschaften besonders das Rathaus. Im Mittelalter setzten viele Städte das Bild des Rathauses oder ihrer Stadtbefestigung, die ja ein städtisches Recht darstellte, in das Siegel und auch in ihre Wappen. Heute ist das Wappen im Sitzungssaale des Rates oder am Platz des obersten Repräsentanten der Gemeinde angebracht. Auf dem Tor oder dem Portal des Rathauses kündet es dem Bürger oder fremden Gast: Hier ist die verfaßte Gemeinde vertreten. Die Organe von Rat und Verwaltung führen das Wappen bei auswärtigem Schriftverkehr, der allein durch das Symbol den privaten Charakter des Schreibens völlig ausschließt. Die Mehrzahl der rheinischen Gemeinden verwendet ihr Wappen in Verbindung mit der Fahne: Entweder wird der Wappenschild auf die Flagge gesetzt oder die Heroldsstücke und Figuren werden unmittelbar auf das Flaggentuch gebracht, so daß sie die Flagge ausfüllen; solche Wappenflaggen haben eine lange Tradition bis hinauf ins Mittelalter. An manchen rheinischen Stadttoren, die heute keinen Wehr- oder Stadtgrenzcharakter

[28] Galbreath, D. L. und Jéquier, Léon, Lehrbuch der Heraldik, (München 1978) S. 272.

Abb. 2 · Urkunde mit Siegelabdruck der Stadt Emmerich aus dem Jahre 1335; im Siegel steht das Wappen der Stadt. (NW Hauptstaatsarchiv, Emmerich, Stift.-Nr. 104).

mehr besitzen, war in früheren Zeiten zur Feldseite hin das Stadtwappen angebracht, um Namen und Hoheitsbereich anzuzeigen.[29]

Grenzsteine trifft man gelegentlich heute noch an, wie der schöne Wappenstein an der Neuss-Düsseldorfer Stadtgrenze in Heerdt (Burgunderstraße) beweist. Mit dem Wappen kann auch städtischer Besitz gekennzeichnet werden, Funktionsträger können es sichtbar an der Kleidung — Mütze oder Jackenärmel — tragen. Amtsblätter, amtliche Veröffentlichungen, alles, was rechtmäßigerweise einen offiziellen Charakter annehmen soll, kann mit dem Wappen versehen werden, das dabei oft einen besonderen Schmuck darstellt.

Über die Berechtigung, das Wappen zu führen, entscheidet allein der Wappenherr. Der bekannte Heimatverein Düsseldorfer Jonges führt zwar nicht das offizielle Stadtwappen, wohl jedoch die Figuren Anker und Löwe, wie der Stuhl des Vorsitzenden beweist.

Ein bedeutender Anwendungsbereich des Wappens ist das Siegel (Abb. 2). Wir haben bereits gesehen, daß die gültige Gemeindeordnung vorschreibt, daß Wappen und Siegel identisch sein sollen. So begegnet uns das Wappen immer dort, wo gesiegelt wird, und das Siegel verleiht formal gefertigten Schriftstücken mit Rechtscharakter besondere Gültigkeit: bei Verträgen, in Urkunden, bei Bescheinigungen und Beglaubigungen. Der Bürger kennt das Siegel heutzutage am besten aus dem Personalausweis und vom Schild seines Autos, auf dem die Behörde durch das Siegel die Zulassung des Wagens bestätigt.

Bei feierlichen Beurkundungen wird auch gerne ein großes Siegel verwendet. Wertsachen werden mit dem Siegel verschlossen. Wappen- und Siegelführung zählen zu den altüberlieferten Rechten, seit es gemeindliche Körperschaften gibt und sollten deshalb besonders gepflegt werden, freilich *de gustibus non est disputandum!*

[29] Mainzer, Udo, Stadttore im Rheinland, Neuss (1976) = Jahrbuch des Rheinischen Vereins für Denkmalsschutz und Landschaftspflege 1975; vgl. dort die Stadttore von Andernach, Bergheim, Goch, Kaster, Köln, Linz, Mayen, Münstereifel, Wassenberg und Xanten.

Heraldische Begriffe*

Adler, häufige Figur, meist auf das Reich deutend
Balken, entsteht durch zwei waagerechte Schnitte
Begleitet, um eine Hauptfigur liegen mehrere Beizeichen, meist symmetrisch angeordnet
Belegt, auf einer Grundfläche liegt eine Figur
Bewehrt (Bewaffnet), die natürlichen Waffen der Tiere wie Schnabel, Fänge, Krallen
Blasonierung, fachgerechte Beschreibung des Wappens
Courtoisie, Höflichkeit, z. B. zwei zueinander gestellte Figuren
Devise, Leitsprüche auf Bändern
Dreiberg, dreigliedrige Figur, meist im Schildfuß
Erniedrigt, eine Figur steht tiefer als üblich, auch gesenkt
Fallgatter, Durchgangssperre aus waagerechten und senkrechten Bohlen an Toren und Türmen
Farben, heraldische, *Metalle:* Gold (gelb), Silber (weiß), *Tinkturen:* rot, blau, schwarz, grün, purpur, braun
Figur, Lebewesen und Gegenstände der natürlichen Welt oder der Phantasie
Führen, der Wappenherr führt das Wappen, Gebrauch bei verschiedenen Anlässen
Gegrifft, Blankwaffen, deren Gefäß (Griff) eine eigene Farbe besitzt
Gekreuzt, zwei rechtwinklig gekreuzte Gegenstände länglicher Form, meist Schwerter, Schlüssel, Werkzeuge
Gelegt, die Lage gemeiner Figuren
Gelehnt, eine aus der Achse seitwärts geneigte Figur
Gemein, ohne Besonderheiten
Gemindert, eine Figur erscheint nicht in ursprünglicher Form, z. B. ein Löwe halb oder ohne ursprüngliche Bewehrung
Gespalten, senkrecht durchschnitten
Geteilt, waagerecht durchschnitten
Gestürzt, Wappenfiguren, die um 180° gedreht sind
Geviert, oder quadriert, der Schild ist durch Teilung und Spaltung in vier gleiche Teile geschnitten
Gezungt, die Farbe der Zunge eines Wappentiers
Göpel, eine gestürzte Deichsel
Herold, im Mittelalter Beamter, der die Wappen verkündet, beschreibt und verzeichnet
Heroldsbild, auch -stück, es entsteht durch Schildschnitte. Sind die Flächen mit Gegenständen belegt, heißen sie gemeine Figuren und sind der natürlichen Welt oder der Phantasie entnommen

* Nach Neubecker, Heraldik, 42—51

Herzschild, ein meist kleiner Mittelschild auf dem Schild
Kreuz, häufige, durch Teilung und Spaltung entstandene Figur, durchgehend oder schwebend
Lätze, nach unten hängende Teile eines Turnierkragens
Lilienhaspel, auch Glevenrad, Zeichen von Kleve
Löwe, häufige Figur bei weltlichen Fürsten (Geldern, Berg, Jülich)
Melden, die Blasonierung soll alles sprachlich angeben, damit das Wappen korrekt gemalt werden kann
Mühleisen, ankerförmiges Rechteck mit einem Loch in der Mitte
Nimbus, Heiligenschein, Adj. nimbiert
Oberhalb, der obere Teil einer halb abgebildeten Figur
Pfahl, entsteht durch zwei senkrechte Schnitte
Platz, die durch Teilung entstandene Fläche im Schild
Die Plätze sind: A B C rechte Oberecke, Hauptstelle, linke Oberecke
D E F rechte Hüftstelle, Herzstelle, linke Hüftstelle
G H I rechte Unterecke, Fußstelle, linke Unterecke
Man teilt auch in Schildhaupt, -mitte und -fuß ein.
Redend, die Figur im Schild weist sprachlich auf den Wappenherren hin
Schild, wichtiger Teil des Wappens, in der Kommunalheraldik heute der einzige Bestandteil des Wappens, da das Beiwerk nicht mehr gezeigt wird.
Schildrand, auch Bord, es gibt auch einen Innenbord
Schindeln, rechteckige oder rautenförmige Figuren, mit denen der Schild bestreut ist
Schnitt, durch Schnitte entstehen Heroldsbilder, z. B. Pfahl oder Balken
Schreitend, Tiere sind in der Regel aufrecht dargestellt, andernfalls ihre Stellung gemeldet werden muß: Löwen schreitend, Adler auffliegend
Schwebend, die Figur reicht nicht bis an den Schildrand
Spalt, Spaltungslinie im Schild
Tinktur, Tingierung: heraldische Farbe
Turnierkragen, ein Bei- oder Unterscheidungszeichen in Form einer aufgelegten Leiste mit abhängenden Lätzen beliebiger Anzahl
Überdeckt, eine aufgelegte Figur ragt über den Umriß einer anderen hinaus
Überhöht, eine Figur schwebt über einer anderen
Unterhalb, der untere Teil einer halb abgebildeten Figur
Wachsend, Figuren, die aus einer Begrenzung (Schnitt) hervorwachsen
Wechselfarben, zwei Farben wechseln an oder hinter der Schnittlinie
Wecken, rautenförmige Steine
Zier, plastische Figur auf dem Helm

Verzeichnis der Heroldsstücke und gemeinen Figuren der Kommunalwappen

Abtskrümme

Mönchengladbach
Pulheim

Adler

Aachen
Alpen
Dahlem
Düren
Duisburg
Essen
Hürth
Köln
Merzenich
Neuss
Reichshof
Rheinbach
LV. Rheinland
Rommerskirchen
Weilerswist
Würselen

Ähre

Mettmann

Amboß

Heiligenhaus

Anker

Düsseldorf
Solingen

Apfel

Rheurdt

Balken

Alsdorf
Bergisch Gladbach
Bergneustadt
Bornheim
Dormagen
Erftkreis
Euskirchen
Hamminkeln
Hilden
Hückelhoven
Leverkusen
Mönchengladbach
Moers
Morsbach
Neukirchen-Vluyn
Niederkrüchten
Rheinisch-Bergischer Kreis
LV. Rheinland
Schermbeck
Schwalmtal
Sonsbeck
Waldbröl
Wegberg
Würselen

Baum

Waldbröl
Wermelskirchen
Wesel

Bischof

Krefeld

Blatt (Eich-, Seerosen-)

Alsdorf
Burscheid
Eitorf
Elsdorf
Kleve
Meerbusch
Nettersheim
Nettetal

Burg

Dinslaken
Duisburg
Königswinter
Niederkassel
Nümbrecht
Oberbergischer Kreis
Uedem
Wassenberg
Wiehl

Deichsel

Lohmar

Drache

Roetgen
Schwalmtal
Wachtberg
Weeze

Eiche, Eicheln

Eitorf
Velbert
Waldbröl

Eimer

Emmerich

Engel

Schwalmtal
Siegburg

Fisch

Leichlingen
Much
Neunkirchen-Seelscheid

Flammen

Köln

Gans

Monheim

Garnbündel

Wuppertal

Gezänge

Heiligenhaus
Oberhausen

Gitter

Bornheim
Mülheim

Glocke

Hellenthal
Overath

Göpel

Hürtgenwald

Gottesmutter

Brüggen
Vettweiß

Hacken

Marienheide

Hahn

Haan
Much

Haken

Marienheide
Waldfeucht

Hammer

Dahlem

Heiliger

Weeze

Hirsch

Aachen
Bergisch Gladbach
Issum
Odenthal
Rheurdt

Horn

Langenfeld
Rösrath

Jungfrau

Monheim

Kette

Ruppichteroth

Kiefernzapfen

Hürtgenwald

Kirche

Eitorf
Inden
Jüchen
Kamp-Lintfort
Kerken
Mettmann
Wermelskirchen
Wipperfürth

Kranich

Kranenburg

Kreuz

Aldenhoven
Bedburg-Hau
Bonn
Brühl
Dormagen
Erftkreis
Euskirchen
Grefrath
Heinsberg
Hennef
Hürth
Issum
Kaarst
Kempen
Korschenbroich
Kreuzau
Meckenheim
Mönchengladbach
Nettersheim
Neuss
Rheinbach
Rheinberg
Rhein-Sieg-Kreis

Rheurdt
Roetgen
Ruppichteroth
Swisttal
Tönisvorst
Viersen
Wiehl
Willich
Würselen
Zülpich

Krone

Essen
Köln

Krug

Frechen
Langerwehe

Kugel

Monschau
Troisdorf
Xanten

Leiste

Gangelt

Lilie

Aldenhoven
Bedburg-Hau
Grefrath
Hamminkeln
Hünxe
Kevelaer
Niederkrüchten
Schermbeck
Schleiden
Übach-Palenberg
Voerde
Wachtendonk
Wesseling

Löwe

Aachen, Kreis
Alfter
Alsdorf
Baesweiler
Bedburg
Bergheim
Bergisch-Gladbach
Blankenheim
Bonn
Brüggen
Dormagen
Düren, Kreis
—, Stadt
Düsseldorf
Eitorf
Engelskirchen
Erftkreis
Erkelenz
Erkrath
Eschweiler
Euskirchen, Kreis
—, Stadt
Frechen
Gangelt
Geilenkirchen
Geldern
Goch
Heimbach
Heinsberg, Kreis
—, Stadt
Herzogenrath
Hückeswagen
Inden
Kall
Kerpen
Kreuzau
Langenfeld
Langerwehe
Leichlingen
Leverkusen
Lindlar
Linnich
Lohmar
Marienheide
Mechernich
Mettmann
Monschau
Morsbach
Mülheim
Much
Münstereifel
Nettersheim
Neuss
Neukirchen-Seelscheid
Nideggen
Niederzier
Nörvenich
Oberbergischer Kreis
Overath
Radevormwald
Ratingen
Reichshof
Remscheid
Rhein-Sieg-Kreis
Rösrath
Sankt Augustin
Schleiden
Siegburg
Stolberg
Titz
Übach-Palenberg
Vettweiß
Viersen
Waldbröl
Waldfeucht
Wassenberg
Wegberg
Wesseling
Windeck
Wipperfürth
Wuppertal

Lorbeer

Aldenhoven

Mann

Windeck
Wülfrath

Mantel

Kaarst

Mauer

Bergheim
Kranenburg
Sonsbeck
Wipperführt

Merkurstab

Oberhausen

Mispelblüte

Erkelenz
Geldern
Goch
Issum
Kerken
Kevelaer
Viersen

Mond

Ruppichteroth

Mond und Sterne

Jüchen
Kempen
Titz

Moorkolben

Morsbach

Mühleisen

Kaarst

Papagei

Geilenkirchen
Niederkrüchten

Petrus, hl.

Brühl

Pfahl

Erftstadt
Niederzier

Pfeil (Strael)

Baesweiler
Hünxe
Kall
Nideggen
Straelen

Pflugschar

Waldbröl

Rad (Zahn-, Mühl-)

Erkrath
Hilden
Hürth
Mülheim
Ratingen
Voerde

Raute

Alfter

Reiher

Kürten

Reichsapfel

Meckenheim

Rose

Euskirchen, Kreis
Marienheide
Nettetal
Selfkant
Weeze

Rost

Wuppertal

Schach

Bad Honnef
Bergneustadt
Engelskirchen
Gummersbach
Linnich
Oberbergischer Kreis
Sankt Augustin
Swisttal

Schild (Herz-)

Bedburg
Grevenbroich
Hamminkeln
Hennef
Jüchen
Kalkar
Kamp-Lintfort
Kleve
Königswinter
Krefeld
Monschau
Mülheim
Niederkassel
Nümbrecht
Schermbeck
Uedem
Wesel

Schlägel und Hammer o. umgek.

Alsdorf
Hückelhoven
Kamp-Lintfort
Mechernich
Oberhausen
Würselen

Schloß

Mettmann

Schlüssel

Eschweiler
Krefeld
Radevormwald
Rees
Rheinbach
Rheinberg
Schlüssel
Velbert
Xanten
Zülpich

Schwan

Aachen, Kreis
Wermelskirchen

Schwert

Bornheim
Essen
Rhein-Sieg-Kreis
Solingen

Sichel

Hilden
Remscheid

Spindel

Gummersbach

Spitze

Tönisvorst

Sonne

Sonsbeck

Sparren

Heiligenhaus

Stab

Mettmann

Steine

Stolberg

Stern

Hückelhoven
Hünxe
Münstereifel

Turm

Bergheim
Euskirchen
Grevenbroich
Heimbach
Hennef
Kalkar
Kerpen
Moers
Pulheim
Wachtendonk
Weilerswist

Turnierkragen

Bad Honnef
Bedburg
Blankenheim
Mechernich
Merzenich
Rommerskirchen
Stolberg

Waage

Lindlar

Weberschiffchen

Hückeswagen

Wecken

Bedburg

Wiesel

Wesel

Wolf

Elsdorf
Wülfrath

Zepter

Übach-Palenberg

Verwaltungspolitische Gliederung der Gebietskörperschaften

(Nachfolgende Gliederung folgt dem Staatshandbuch
für die Bundesrepublik Deutschland, Landesausgabe Nordrhein-Westfalen)

98 Gemeinde Brüggen
99 Gemeinde Grefrath
100 Gemeinde Niederkrüchten
101 Gemeinde Schwalmtal

102 Kreis Wesel

103 Stadt Dinslaken
104 Stadt Kamp-Lintfort
105 Stadt Moers
106 Stadt Neukirchen-Vluyn
107 Stadt Rheinberg
108 Stadt Voerde (Niederrhein)
109 Stadt Wesel
110 Stadt Xanten

111 Gemeinde Alpen
112 Gemeinde Hamminkeln
113 Gemeinde Hünxe
114 Gemeinde Schermbeck
115 Gemeinde Sonsbeck

Regierungsbezirk Köln

Kreisfreie Städte

117 Stadt Aachen

118 (Bundeshaupt)stadt Bonn

119 Stadt Köln
120 Stadt Leverkusen

Kreise und kreisangehörige Städte und Gemeinden

122 Kreis Aachen

123 Stadt Alsdorf
124 Stadt Baesweiler
125 Stadt Eschweiler
126 Stadt Herzogenrath
127 Stadt Monschau
128 Stadt Stolberg (Rheinland)
129 Stadt Würselen

130 Gemeinde Roetgen
131 Gemeinde Simmerath

132 Kreis Düren

133 Stadt Düren
134 Stadt Heimbach
135 Stadt Jülich
136 Stadt Linnich
137 Stadt Nideggen

138 Gemeinde Aldenhoven
139 Gemeinde Hürtgenwald
140 Gemeinde Inden
141 Gemeinde Kreuzau
142 Gemeinde Langerwehe
143 Gemeinde Merzenich
144 Gemeinde Niederzier
145 Gemeinde Nörvenich
146 Gemeinde Titz
147 Gemeinde Vettweiß

148 Erftkreis

149 Stadt Bedburg
150 Stadt Bergheim (Erft)
151 Stadt Brühl
152 Stadt Erftstadt
153 Stadt Frechen
154 Stadt Hürth
155 Stadt Kerpen
156 Stadt Pulheim
157 Stadt Wesseling
158 Gemeinde Elsdorf

159 Kreis Euskirchen

160 Stadt Euskirchen
161 Stadt Mechernich
162 Stadt Bad Münstereifel
163 Stadt Schleiden
164 Stadt Zülpich

165 Gemeinde Blankenheim
166 Gemeinde Dahlem
167 Gemeinde Hellenthal
168 Gemeinde Kall
169 Gemeinde Nettersheim
170 Gemeinde Weilerswist

171 Kreis Heinsberg

172 Stadt Erkelenz
173 Stadt Geilenkirchen
174 Stadt Heinsberg
175 Stadt Hückelhoven
176 Stadt Übach-Palenberg

177 Stadt Wassenberg
178 Stadt Wegberg

179 Gemeinde Gangelt
180 Gemeinde Selfkant
181 Gemeinde Waldfeucht

182 Oberbergischer Kreis

183 Stadt Bergneustadt
184 Stadt Gummersbach
185 Stadt Hückeswagen
186 Stadt Radevormwald
187 Stadt Waldbröl
188 Stadt Wiehl
189 Stadt Wipperfürth

190 Gemeinde Engelskirchen
191 Gemeinde Lindlar
192 Gemeinde Marienheide
193 Gemeinde Morsbach
194 Gemeinde Nümbrecht
195 Gemeinde Reichshof

196 Rheinisch-Bergischer Kreis

197 Stadt Bergisch Gladbach
198 Stadt Burscheid
199 Stadt Leichlingen (Rheinland)

200 Stadt Wermelskirchen

201 Gemeinde Kürten
202 Gemeinde Odenthal
203 Gemeinde Overath
204 Gemeinde Rösrath

205 Rhein-Sieg-Kreis

206 Stadt Bornheim
207 Stadt Hennef (Sieg)
208 Stadt Bad Honnef
209 Stadt Königswinter
210 Stadt Meckenheim
211 Stadt Niederkassel
212 Stadt Rheinbach
213 Stadt Sankt Augustin
214 Stadt Siegburg
215 Stadt Troisdorf

216 Gemeinde Alfter
217 Gemeinde Eitorf
218 Gemeinde Lohmar
219 Gemeinde Much
220 Gemeinde Neunkirchen-Seelscheid
221 Gemeinde Ruppichteroth
222 Gemeinde Swisttal
223 Gemeinde Wachtberg
224 Gemeinde Windeck

Die Wappen der Gemeinden, Städte und Kreise im Landschaftsverband Rheinland

Dem Wappenbild folgt der Name der Körperschaft,
die Beschreibung des Wappens,
seine Erklärung sowie Name des Malers, Genehmigungsdatum und Behörde,
soweit bekannt.

LANDSCHAFTSVERBAND RHEINLAND

Unter silbernem Schildhaupt, darin ein linksblickender gold bewehrter schwarzer Adler, in Grün ein schrägrechter silberner Wellenbalken.

Die äußere Form des Wappens geht auf einen Beschluß des Provinziallandtags der Rheinprovinz von 1926 zurück. Das ursprüngliche Wappen, der grüne Schild mit dem Symbol des Rheins, ist das 1817 durch allerhöchste Ordre geschaffene des Großherzogtums Niederrhein; es ist ein redendes Wappen. Der grüne Schild ruht auf der Brust des königlich preußischen Adlers. Schon ab 1822 wurde es allgemein als Zeichen für die ganze Rheinprovinz gebräuchlich, die unter einem Oberpräsidenten mit Sitz in Koblenz verwaltet wurde. 1881 wurde das Wappen bestätigt. Nach dem Untergang der Monarchie wurde das Wappen umgestaltet. Der Adler als Ausdruck des preußischen Staates wurde zum Bestandteil des Rhein-Wappens, indem er in das Schildhaupt gesetzt wurde. In der öffentlichen Heraldik ist er heute das einzige preußische Emblem nach dem Untergange Preußens. Die kommunalen Wappen bewahren die Erinnerung an die vorpreußische Zeit.

Satzung des LV Rheinland

Regierungsbezirk Düsseldorf

Kreisfreie Städte

LANDESHAUPTSTADT DÜSSELDORF

In Silber ein blau gekrönter, — gezungter und — bewehrter zwiegeschwänzter roter Löwe, einen gesenkten blauen Anker in den Pranken.

In die Landeshauptstadt wurde durch das Kommunale Neugliederungsgesetz vom 16. 7. 1974 die Stadt Angermund, die Gemeinden Wittlaer, Hubbelrath und Hasselbeck-Schwarzbach eingegliedert, die ihre Wappen verloren. Seit dem Jahre 1555 begegnet im Düsseldorfer Schöffensiegel der Löwe mit dem Anker, Wappentier der bergischen Herzöge und Sinnbild auf die Lage der Landeshauptstadt am Rhein. Die neuere Wappenführung leitet die Stadt auf die königliche Kabinettsordre vom 22. Dezember 1817 zurück.

Otto Hupp
16. Juli 1938

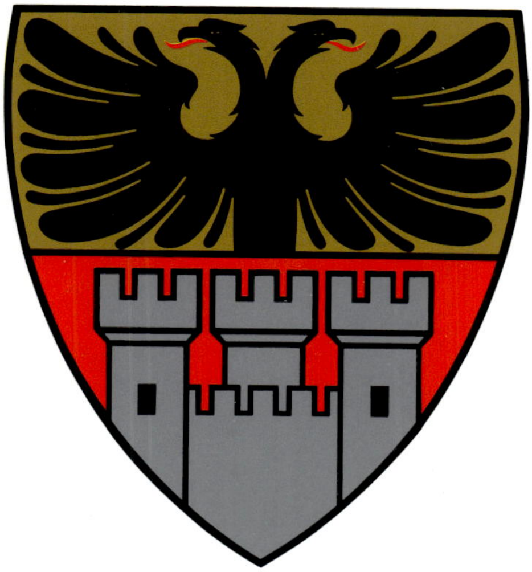

STADT DUISBURG

Geteilt von Gold und Rot; oben ein wachsender rot gezungter schwarzer Doppeladler, unten eine dreitürmige silberne gezinnte Burg.

Im Jahre 1974 wurden durch das Ruhrgebiet-Gesetz vom 9. Juli die Städte Homberg/Ndrrh., Rheinhausen, Walsum sowie die Gemeinde Rumeln-Kaldenhausen mit der Stadt Duisburg vereint; die Insignien Duisburgs wurden beibehalten.
Das Wappen geht auf ein städtisches Rücksiegel des 15. Jahrhunderts zurück. Seit dem 16. Jahrhundert ist auch die farbige Fassung bezeugt. Der Adler erinnert an die frühere Zugehörigkeit der Stadt zum Reich, die Burg steht für den zweiten Teil des Namens oder allgemein für die ummauerte Stadt.

Regierungspräsident Düsseldorf
31. Januar 1977

STADT ESSEN

Unter goldener Krone mit Edelsteinen zwei
aneinandergelehnte Schilde; rechts in
Gold ein rot gekrönter und — bewehrter schwarzer
Doppeladler; links in Blau ein schräglinkes
goldenes Schwert.

Die Stadt Essen gemeindete nach dem Ruhrgebiets-Gesetz
vom 9. Juli 1974 die Stadt Kettwig ein.
Im Jahre 1399 gewährte die Essener Äbtissin
der Stadt das Recht, Maße und Gewichte
mit „der Stadt Zeichen" zu versehen,
was das Stadtschwert ist. 1623 verlieh der Kaiser
das Recht zur Führung des Reichsadlers.
Die Krone deutet auf das 852 gegründete
Fürststift. 1847 wurde das Doppelwappen
reformiert und 1887 vom königlichen Heroldsamt
bestätigt.

1887

STADT KREFELD

Gespalten und hinten geteilt; vorne in Silber ein stehender Bischof mit goldenem Nimbus, roter Kasel und silberner Albe, in der Rechten den Bischofsstab, in der Linken sein abgeschlagenes, gold nimbiertes Haupt mit roter Mitra; zu seinen Füßen ein goldener Schild mit schwarzem Balken. Hinten Blau über Rot, belegt mit zwei goldenen Schlüsseln mit abgewendeten Bärten und verschränkten Griffen, an der Teilungslinie begleitet von je einem silbernen Schild mit durchgehendem schwarzen Kreuz.

Das Wappen vereinigt die beiden Wappen von Krefeld und Uerdingen (1930). Ein Krefelder Schöffensiegel (1463) zeigt den Bischof und Märtyrer St. Dionysius. Der Moerser Schild deutet auf die frühere Herrschaft der Grafen. Auch der Uerdingen kennzeichnende hintere Schildteil geht auf mittelalterliche Siegel zurück. Zwischen den kurkölnischen Wappenschilden erinnern die Schlüssel an den hl. Petrus als Patron der Erzdiözese. Auch die erste Uerdinger Pfarrkirche hat ein Petrus-Patrozinium.

Wolfgang Pagenstecher
Innenminister Nordrhein-Westfalen
3. Juli 1950

STADT MÖNCHENGLADBACH

Unter rotem Schildhaupt, darin ein silberner
Wechselzinnenbalken, gespalten von Blau
und Gold, vorne eine silberne Abtskrümme,
hinten ein durchgehendes schwarzes Kreuz.

Durch das Niederrhein-Gesetz vom 10. 9. 1974
sind seit dem 1. Januar 1975 die Städte Mönchengladbach,
Rheydt und die Gemeinde Wickrath zusammengeschlossen;
die neue Stadt heißt Mönchengladbach und
führt ein neues Wappen, das aus drei Teilen
zusammengesetzt ist: für Wickrath der
im Schildhaupt stehende Wechselzinnenbalken
aus dem Wappen der Herren von Quadt-Wickrath,
für Gladbach und seine alte Benediktinerabtei
die Abtskrümme und für Rheydt aus dessen
erloschenem Wappen das Bylandtsche Balkenkreuz.

Regierungspräsident Düsseldorf
7. Februar 1977

STADT MÜLHEIM AN DER RUHR

Zweimal gespalten und geteilt:
1. in Gold ein rotes Schräggitter,
2. in Blau ein silbernes Speichenrad
3. in Silber ein blau gekrönter, — bewehrter
und — gezungter zwiegeschwänzter roter
Löwe,
4. geteilt: oben in Rot ein schreitender, goldener
Löwe, unten in Silber drei schwarze Balken,
5. in Rot ein goldener Leerschild,
6. in Blau zwischen vier silbernen Kreuzen
in den Ecken ein silbernes Speichenrad.

Das Mitte des 19. Jahrhunderts eingeführte
Wappen ist der Schild des letzten Grafen
von Daun-Falkenstein als Herren von Broich:
die Felder entsprechen den Herrschaftswappen
Daun, Falkenstein, Limburg, Oberstein, Broich
und Reipoltskirchen.

Neufassung 1937 durch Daniel Traub
Preußisches Staatsministerium 1925

STADT OBERHAUSEN

Gespalten von Blau und Rot durch eine silberne Spitze, darin schräg gekreuzt ein schwarzer Schlägel und ein schwarzes Eisen, vorne ein von zwei silbernen Schlangen umwundener silberner Merkurstab, hinten gekreuzt eine silberne Zange und ein silberner Hammer, überdeckt mit einem silbernen Zahnrad.

Die 1874 gegründete Stadt ist ein Zentrum der Schwerindustrie; darauf bezogen sind die Attribute des Handels und Verkehrs (Merkurstab), des Bergmanns und der Hüttenwerke. Das erste Feld wurde 1952 blau tingiert.

Innenminister Nordrhein-Westfalen
21. Oktober 1952

STADT REMSCHEID

Geteilt von Silber und Blau; oben ein wachsender zwiegeschwänzter, roter Löwe; unten eine silberne Sichel mit braunem Griff.

Vorbild des Wappens ist ein Gerichtssiegel von 1566. Der geminderte bergische Löwe erinnert an den ehemaligen Landesherrn, während die Sichel das örtliche Sensenschmiedehandwerk und die Schneidwarenfabrikation darstellt.

Kabinettsordre
18. Februar 1854

STADT SOLINGEN

In Blau ein goldener Anker, verschränkt mit zwei gestürzten, schräg gekreuzten, silbernen Schwertern mit goldenem Gefäß.

In die Stadt Solingen wurde die Stadt Burg an der Wupper durch das Niederrhein-Gesetz vom 10. 9. 1974 eingegliedert, die ihr Wappen verlor. In mittelalterlichen Ortssiegeln steht der hl. Papst Clemens mit seinen Attributen Stab und Anker. Im 17. Jahrhundert traten die Schwerter als Zeichen für die berühmte Klingenherstellung hinzu, das Siegel wurde heraldisiert. Das große Stadtwappen hat zwei Wölfe als Schildhalter und die Devise: Soli Deo Gloria. Die Eingliederung der Stadt Burg blieb heraldisch bisher ohne Folgen.

Oberpräsident Koblenz
17. Juli 1935

STADT WUPPERTAL

In Silber ein blau gekrönter, — gezungter und — bewehrter, zwiegeschwänzter, roter Löwe auf einem goldenen Garnbündel stehend und in den Pranken einen schwarzen Rost haltend.

Im Jahre 1929 wurden die Städte Barmen, Elberfeld, Cronenberg, Vohwinkel und Ronsdorf vereint, 1975 die Gemeinde Schöller eingegliedert, das neue Wappen aus denjenigen von Elberfeld und Barmen gebildet, die beide auf Schöffensiegeln des 16. Jahrhunderts fußen. Gemeinsam ist das Symbol des Landesherrn, der bergische Löwe; Elberfelds Kirchenpatron St. Laurentius ist durch sein Martyriumsinstrument, den Rost, versinnbildlicht; für Barmens Gewerbefleiß steht ein Garnbündel als Zeichen der Textilindustrie.

Wolfgang Pagenstecher
Preußisches Staatsministerium
29. Juni 1934

Kreise und Kreisangehörige Städte und Gemeinden

KREIS KLEVE

Gespalten vorne in Rot ein silberner Herzschild, überdeckt von einer goldenen achtstrahligen Lilienhaspel; hinten in Blau ein zwiegeschwänzter, rot bewehrter und — gezungter goldener Löwe.

Durch das Gesetz zur Neugliederung der Gemeinden und Kreise des Niederrheins (Niederrhein-Gesetz) vom 9. Juli 1974 wurden die alten Kreise Kleve und Geldern mit Teilen der ehemaligen Kreise Rees und Moers zum neuen Kreis Kleve zusammengeschlossen. Nach langen Beratungen beschloß der Kreistag, die traditionellen Wappen von Kleve und Geldern, die auf die Territorialwappen der alten Zeit zurückgehen, in einem Schilde zu vereinen.

Ulf-Dietrich Korn
Regierungspräsident Düsseldorf
31. Mai 1983

STADT EMMERICH

In Rot ein gehenkelter silberner Eimer.

Mit Gesetz vom 24. Juni 1969 wurden die Stadt Emmerich und die Gemeinden Borghees, Hüthum, Klein-Netterden (Amt Elten), Dornick, Praest und Vrasselt (Amt Vrasselt) zur neuen Stadt Emmerich vereint. Durch das 2. Neugliederungsgesetz des Landes NW kam die Gemeinde Elten 1975 zu Emmerich. Die Stadt führt dieses redende Wappen (niederdeutsch: Emmer), das schon auf städtischen Siegeln des 14. Jahrhunderts vorkommt, seit dem Mittelalter. Emmerich erhielt 1233 durch Graf Otto von Geldern Stadtrechte; die seit etwa 1600 bekannten Farben sind die der Grafen von Kleve.

Friedrich August Herkendell 1937

STADT GELDERN

In Blau ein rot gekrönter, — gezungter und — bewehrter zwiegeschwänzter goldener Löwe, unten begleitet von drei silbernen Mispelblüten.

Seit dem Neugliederungsgesetz vom 11. 3. 1969 ist die alte Stadt Geldern (ca. 1229/31) mit den Gemeinden Kapellen, Vernum, Pont, Veert und Walbeck vereint. Das 1909 vom preußischen König Wilhelm II. verliehene Wappen zeigt das ältere geldrische Emblem, die Mispelblüte oder geldrische Rose wie auch das jüngere herzogliche Wappentier, den geldrischen Löwen. Es geht auf Siegel des 16. Jahrhunderts zurück.

Walther Bergmann
Regierungspräsident Düsseldorf
8. April 1971

STADT GOCH

Erniedrigt geteilt von Blau und Gold; oben ein wachsender, rot gekrönter, — gezungter und — bewehrter zwiegeschwänzter goldener Löwe, unten eine rote fünfblättrige Mispelblüte mit goldenem Butzen und goldenen Kelchblättern.

Durch das Neugliederungsgesetz vom 11. März 1969 ist die Stadt Goch um die Gemeinden Pfalzdorf, Asperden, Hassum, Hommersum, Kessel und Nierswalde erweitert. Sie führt ihr altes Wappen weiter, das auf einem Siegel des 13. Jahrhunderts fußt.

Hermann Habben
Regierungspräsident Düsseldorf
10. Dezember 1970

STADT KALKAR

In Rot ein silberner Herzschild, begleitet
von drei (2:1) goldenen Zinnentürmen.

Die Gemeinden Altkalkar, Appeldorn, Bylerward,
Emmericher Eyland, Grieth, Hanselaer, Hönnepel,
Stadt Kalkar, Neulouisendorf, Niedermörmter,
Wissel und Wisselward sind gesetzlich
(11. März 1969) zur Stadt Kalkar zusammengeschlossen
worden. Bereits in den mittelalterlichen Stadtsiegeln
Kalkars wird das Motiv Burg mit dem silbernen
Herzschild des klevischen Landesherrn gezeigt.
Die drei Zinnentürme treten um 1500 auf
und sind in Anlehnung an das Klever Stadtwappen
tingiert.

Neufassung laut städtischer Hauptausschußsitzung
vom Juli 1974

STADT KEVELAER

Geteilt von Blau und Gold; oben eine goldene
Mispelblüte mit rotem Butzen und
roten Kelchblättern, unten eine rote Lilie.

Die Stadt Kevelaer entstand durch gesetzliche
Zusammenlegung (11. März 1969) zum 1. 7. 1969
aus der Stadt und den Gemeinden Kleinkevelaer,
Twisteden, Wetten, Kervendonk, Kervenheim
und Winnekendonk. Die Mispelblüte deutet
auf Kevelaers Zugehörigkeit zum alten Herzogtum
Geldern, die Lilienblüte auf die Kervenheims
zu Kleve; die Farben sind geldrisch.

Walther Bergmann
Regierungspräsident Düsseldorf
19. November 1973

STADT KLEVE

In Rot ein silberner Herzschild, begleitet von drei (2:1) goldenen Kleeblättern.

Die Stadt Kleve, die Gemeinden Materborn, Donsbrüggen, Keeken, Rindern, Wardhausen, Bimmen, Düffelward sowie Brienen, Griethausen, Kellen, Salmorth, Warbeyen und Reichswalde bilden die neue Stadt Kleve (11. März 1969). Das Wappen verbindet die redenden (Klever) Kleeblätter für Kleve mit dem alten landesherrlichen Zeichen der Grafen. Vorläufer sind schon mittelalterliche Siegel. Seit 1614 ist die heutige Tingierung bekannt.

1955 von der Stadt neu gefaßt

STADT REES

In Rot ein silberner Schlüssel mit rechts gekehrtem Bart.

Zur Stadt Rees gelangten (24. Juni 1969) die Gemeinden Bergswick, Esserden, Reesereyland, Reeserward, Speldrop (Amt Rees-Land), Bienen, Grietherbusch und Grietherort (Amt Vrasselt). Am 1. Januar 1975 kamen die Gemeinden Millingen, Empel (Amt Millingen), Groin, Haldern, Heeren-Herken und Teile der Gemeinde Haffen-Mehr (Amt Haldern) dazu.
1228 verlieh Erzbischof Heinrich von Köln Rees Stadtrechte. Der Schlüssel, dessen Bart Kreuzform besitzt, weist auf den Apostel Petrus, Patron des Erzbistums. Das Zeichen begegnet in mittelalterlichen Siegeln, im 14. Jahrhundert bereits in Wappenform.

Neufassung 1965.

STADT STRAELEN

In Silber ein aufsteigender schwarzer Pfeil.

Die Stadt Straelen wurde durch das Gesetz
zur kommunalen Neugliederung des Kreises
Geldern vom 11. März 1969 mit der Gemeinde
Herongen zusammengeschlossen.
Die neue Stadt Straelen übernahm das Wappen
der früheren Stadt Straelen, die den steigenden
Strahl als auf den Ortsnamen bezogenes
redendes Symbol seit 1928 geführt hat.
Es geht zurück auf das alte Schöffensiegel
von Straelen (1422) und findet sich
sowohl in den späteren Gerichtssiegeln
als auch im Stadtsiegel wieder.

Edwin Arnold Pleiner
Regierungspräsident Düsseldorf
6. August 1971

GEMEINDE BEDBURG-HAU

Geteilt von Blau und Gold; oben ein schwebendes, goldenes Antoniuskreuz, unten eine fünfstrahlige, rote Lilienhaspel, belegt mit einem silbernen Mühlstein.

Die Gemeinden Hau, Louisendorf, Schneppenbaum, Till-Moyland und Huisberden wurden durch Gesetz (11. März 1969) zur Gemeinde Bedburg-Hau vereint. Das Wappen vereint Motive aus den alten Wappen der Gemeinden des Amtes Till. Das Antoniuskreuz weist auf den heiligen Eindsiedler hin, dem in Hau eine Kapelle geweiht war. Seine Figur steht in einem Schöffensiegel von Hau aus dem 15. Jahrhundert. Auch der Mühlstein aus dem Amtswappen von Till geht auf ein altes Gerichtssiegel zurück.

Walther Bergmann
Regierungspräsident Düsseldorf
13. März 1975

GEMEINDE ISSUM

Geteilt von Silber und Rot; oben ein wachsender roter Hirsch, unten eine silberne Mispelblüte zwischen drei (2:1) silbernen Antoniuskreuzen, deren Stämme zur Mispelblüte zeigen.

Seit dem Gesetz vom 11. März 1969 sind die Gemeinden Issum und Sevelen zur neuen Gemeinde Issum zusammengeschlossen. Die jeweiligen Wappen wurden in leicht abgewandelter Form vereint. Der Issumer Hirsch — bereits Wappen des Geschlechts der van Issum im 14. Jahrhundert — begegnet auch auf dem Siegel eines Lathengerichts 1664.

Walther Bergmann
Regierungspräsident Düsseldorf
27. Juni 1973

GEMEINDE KERKEN

Gespalten von Rot und Silber; vorne über einer silbernen Mispelblüte eine silberne Kirche, hinten über einer roten Mispelblüte eine rote Kirche.

Aufgrund des Gesetzes vom 11. März 1969 wurden die Gemeinden Aldekerk und Stenden sowie Nieukerk und Eyll zur neuen Gemeinde Kerken zusammengeschlossen. Das neue Wappen ist redend: die Kirchtürme stehen für Nieukerk und Aldekerk, während die Mispelblüten (geldrische Rose) an Eyll und Stenden erinnern und damit an die einstige Zugehörigkeit zum alten Herzogtum Geldern.

Edwin-Arnold Pleiner
Regierungspräsident Düsseldorf
16. November 1971

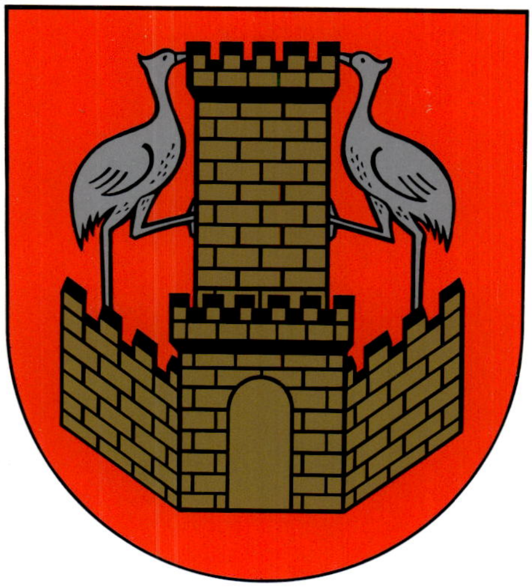

GEMEINDE KRANENBURG

In Rot eine gezinnte goldene Stadtmauer mit
einem goldenen Torturm, auf der je ein silberner
Kranich, einander zugewendet und ein
Bein gegen den Turm gestellt.

Seit dem Neugliederungsgesetz vom
11. März 1969 sind die Gemeinden Kranenburg,
Mehr, Niel, Wyler und Zyfflich zusammengeschlossen.
Die mittelalterliche Stadt Kranenburg (ca. 1294),
im Kranichenbruch gelegen, war befestigt;
das Wappen redet und bezieht sich auf mittelalterliche
Stadt- und Schöffensiegel.

Walther Bergmann
Regierungspräsident Düsseldorf
28. Juli 1972

GEMEINDE RHEURDT

In Blau ein silberner Hirschkopf mit einem schwebenden goldenen Kreuz zwischen dem Geweih; im Schildhaupt balkenweise drei goldene Äpfel.

Durch Gesetz vom 24. Juni 1969 wurden die Gemeinden Rheurdt und Schaephuysen zur Gemeinde Rheurdt zusammengeschlossen. Das Wappen verbindet die goldenen Äpfel (ursprünglich wohl Brote) des Rheurdter Pfarrpatrons St. Nikolaus mit der Legende des Schaephuysener Pfarrpatrons St. Hubertus; die Farben Gold und Blau sind die alten geldrischen.

Walther Bergmann
Regierungspräsident Düsseldorf
11. August 1970

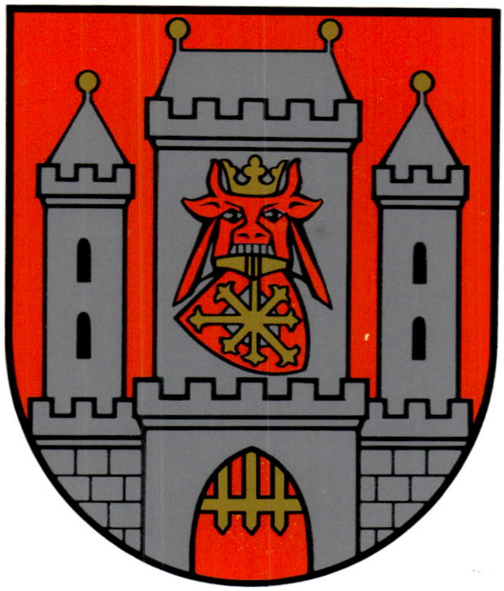

GEMEINDE UEDEM

In Rot eine silberne Torburg mit drei Zinnentürmen
und goldenem Fallgitter im offenen Tor;
auf dem breiten mittleren Turm ein geneigter roter
Schild, darin ein silberner Herzschild, überdeckt
mit einer goldenen Lilienhaspel, und als
Helmzier ein golden gekrönter herschauender
roter Stierkopf.

Aufgrund des Gesetzes vom 11. März 1969 bilden
die Gemeinden Uedem, Keppeln, Uedemerbruch
und Uedemerfeld die neue Gemeinde Uedem,
deren Wappen, das auf ein Schöffensiegel
des 14. Jahrhunderts zurückgeht, übernommen
wurde. Es deutet auf den Klever Landesherrn
und den damaligen Stadtcharakter (1359) hin.

Edwin-Arnold Pleiner
Regierungspräsident Düsseldorf
30. Oktober 1971

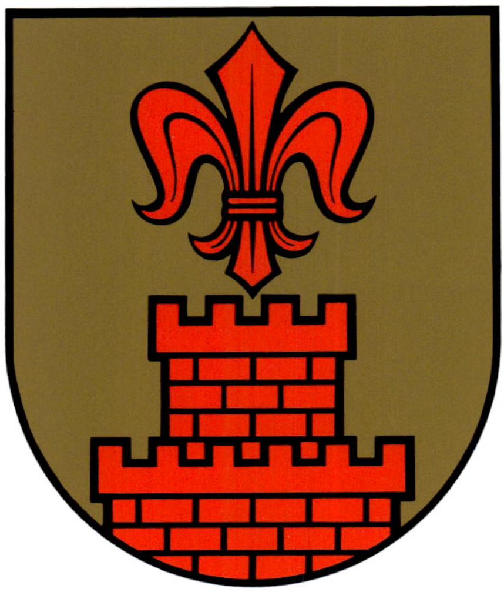

GEMEINDE WACHTENDONK

In Gold ein wachsender zweigeschossiger roter Zinnenturm, überhöht mit einer roten Lilie.

Das Neugliederungsgesetz vom 11. März 1969 schloß Wachtendonk und Wankum ab 1. Juli 1969 zusammen. Das Wappen vereinigt Symbole aus den Gemeindewappen der früher selbständigen Gemeinden Wachtendonk und Wankum. Der Turm entstammt dem Wappen der früheren Gemeinde Wachtendonk. Er findet sich bereits in den Gerichtssiegeln des 15. und 16. Jahrhunderts. Die Lilie ist dem Wappen der früheren Gemeinde Wankum entnommen und geht zurück auf den Schild des Hauses Pellant, der ältesten bekannten Grundherrschaft der Herrlichkeit Wankum.

Edwin-Arnold Pleiner
Regierungspräsident Düsseldorf
30. Oktober 1971

GEMEINDE WEEZE

Gespalten und hinten geteilt; vorne in Blau eine silberne Heiligenfigur mit goldenem Nymbus, in der Rechten ein goldenes Buch, in der Linken einen goldenen Palmzweig; hinten oben in Gold ein schwarzer Drachenkopf, unten in Silber ein grüner Zweig mit fünf roten Rosen.

Das Wappen geht auf ein Schöffensiegel (1462) zurück und zeigt den Pfarrpatron, den heiligen Märtyrer St. Cyriakus (Palmzweig, himmlische Rosen), der nach einer Legende sogar den Teufel (Drachenkopf) an die Kette legte.

Wolfgang Pagenstecher
Preußisches Staatsministerium
16. August 1928

KREIS METTMANN

In Silber ein blau gekrönter, — gezungter
und — bewehrter zwiegeschwänzter
roter Löwe; auf dem schwarzen Schildbord oben
rechts ein silbernes Vorhängeschloß, unten
links eine goldene Ähre.

Der bergische Löwe deutet auf die Zugehörigkeit
des Kreises zum Herzogtum Berg, in dem
Mettmann schon 1363 Amtssitz war.
Die Symbole Schloß und Ähre stehen für die
moderne Industrie und die Landwirtschaft.

Wolfgang Pagenstecher
Preußisches Staatsministerium
28. November 1936

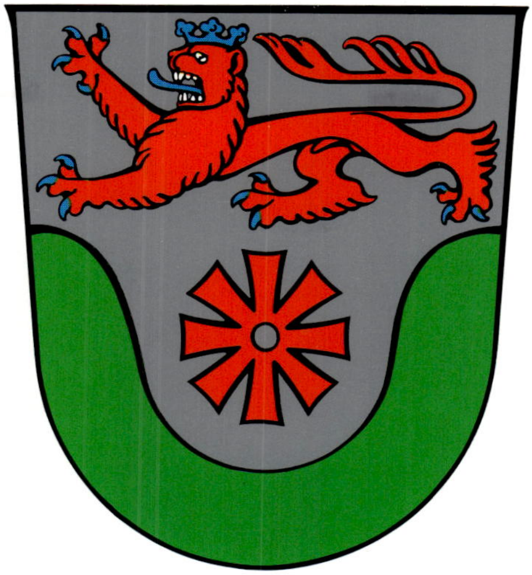

STADT ERKRATH

In Silber über einem grünen Tal ein rotes Mühlrad, überhöht von einem blau gekrönten, — gezungten und — bewehrten schreitenden roten Löwen.

Die Gemeinden Erkrath und Hochdahl sind per Gesetz vom 10. 9. 1974 mit Wirkung zum 1. Januar 1975 vereint. Das neue Wappen zeigt mit dem Tale die Lage der Stadt, des Tors zum bergischen Land, an. Das Mühlrad erinnert an Hochdahl und den Ursprung seines ältesten Ortsteils Millrath; der bergische Löwe ist das Wappentier des alten Landesherrn.

Lothar Müller-Westphal
Regierungspräsident Düsseldorf
14. September 1977

STADT HAAN

In Silber ein rot bewehrter schwarzer Hahn; rechts unten eine Hahnenfeder.

In die Stadt Haan wurde die Gemeinde Gruiten eingegliedert (Gesetz vom 10. 9. 1974). Haan besitzt seit 1921 Stadtrechte. Das Wappen redet, wenngleich der Ortsname von Hain oder Hagen (geschützter Platz) abzuleiten ist. Der „bergische Kräher" soll auch den Charakter der Einwohner des bergischen Landes kennzeichnen.

Wolfgang Pagenstecher
Oberpräsident Koblenz
29. April 1937

STADT HEILIGENHAUS

Geteilt von Blau und Rot durch einen überhöhten silbernen Sparren; unten ein silberner Amboß, darüber gekreuzt eine silberne Zange und ein silberner Hammer.

Die 1947 zur Stadt erhobene Gemeinde beherbergt seit dem 17. Jahrhundert Hausschmieden, deren Werkzeuge die moderne Eisenindustrie, besonders Schloß- und Beschlägeherstellung, darstellen sollen.

Oberpräsident Koblenz
27. November 1937

STADT HILDEN

Unter silbernem Schildhaupt, darin ein roter Wechselzinnenbalken, in Grün ein silberner rechter Schrägwellenbalken, begleitet oben von einem silbernen Kammrad, unten von einer silbernen Sichel mit braunem Griff.

Der Wechselzinnenbalken erinnert an das älteste Wappen der Grafen von Berg und somit an die alte Landeshoheit; Flußband (vgl. Rheinprovinz), Rad und Sichel bedeuten die Itter, Industrie und Landwirtschaft und charakterisieren den Ort.

Regierungspräsident Düsseldorf
2. April 1900

STADT LANGENFELD

Unter grünem Schildhaupt, darin ein goldenes Posthorn mit blauen Schnüren, in Silber ein blau gekrönter, — gezungter und — bewehrter zwiegeschwänzter roter Löwe.

Langenfeld, die alte Thurn- und Taxissche Poststation „im langen Feld" zwischen Düsseldorf und Köln, wurde 1948 Stadt. Das Horn erinnert an diesen Ursprung; der bergische Löwe gibt die Landeszugehörigkeit an.

Oberpräsident Koblenz
26. Juli 1939

KREISSTADT METTMANN

In Blau zwei durch Torbau verbundene goldene Kirchen; zwischen den Türmen eine goldene Krone, ein liegender goldener Stab und eine goldene Zunftlade.

In die Stadt Mettmann wurde die Gemeinde Metzkausen eingegliedert (Gesetz vom 10. 9. 1974). Das Wappen ist ein neues Ortssymbol mit der katholischen und evangelischen Kirche sowie Zunftabzeichen; Vorlage ist das Siegel der „Fabricanten und Handwerker der Freiheit Mettmann“ von 1778.

Seit dem 19. Jahrhundert in Gebrauch
Neufassung Hauptsatzung 1966

STADT MONHEIM

In Blau auf grünem Boden stehend eine silbern gekleidete, barfüßige Jungfrau, die in der Rechten einen goldenen Blätterzweig hält und den linken Zeigefinger auf den Mund legt; links vor ihr eine nach links laufende silberne Gans; im linken Obereck ein silberner Schild, darin ein blau gekrönter, — gezungter und — bewehrter roter Löwe.

Monheim wurde 1960 Stadt und führt sein altes Wappen fort, das auf das Siegel der ortsansässigen Vogtfamilie Aschenbroich mit der Devise NOCET ESSE LOCUTUM (Geschwätz schadet) aus dem 17. Jahrhundert zurückgeht. Zu diesem Ortssymbol tritt das Erkennungszeichen des alten Landesherrn, der bergische Löwenschild.

Wolfgang Pagenstecher
Oberpräsident Koblenz
4. Januar 1939

STADT RATINGEN

Geteilt von Silber und Rot; oben ein wachsender zwiegeschwänzter blau gekrönter und — bewehrter, roter Löwe, unten ein silbernes Rad.

Die Stadt Ratingen wurde durch Gesetz vom 10. 9. 1974 mit den Gemeinden Lintorf, Eggerscheidt, Hösel, Breitscheid, Hasselbeck-Schwarzbach und Homberg-Meiersberg vereint. Seit dem 13. Jahrhundert ist Ratingen eine der bergischen Hauptstädte, was der landesherrliche Löwe ausdrückt. Das Rad deutet auf die Gerichtsstätte. Beide Symbole stehen schon in einem städtischen Siegel aus dem Jahre 1430.

Minister des Innern
Berlin 30. Dezember 1909

STADT VELBERT

In Rot ein gestürzter silberner Schlüssel,
den Knauf mit einem grünen Eichenblatt,
den links gewendeten Bart mit einem schwarzen
Doppelsparren belegt.

Die Städte Velbert, Langenberg und Neviges bilden seit dem 1. 1. 1975 die neue Stadt Velbert. Alle drei führten vorher ein Wappen, aus deren Motiven das neue Hoheitszeichen entstand; der Schlüssel von Velbert, das Eichenblatt von Langenberg, der Doppelsparren (der Grafen von Hardenberg) von Neviges. Silber und Rot sind die vorherrschenden Farben.

Walther Bergmann
Regierungspräsident Düsseldorf
21. Juni 1976

STADT WÜLFRATH

In Rot ein silbern gekleideter Hirt mit goldener Umhängetasche, ein Messer im Gürtel, der einem vor ihm sitzenden silbernen Wolf seinen goldenen Stock in den Rachen stößt.

Das Wappen ist eine im Laufe des 19. Jahrhunderts entstandene Abwandlung eines allegorisierenden Kirchensiegels aus dem Jahre 1662, das die vom Teufel bedrängte, aber siegreiche ecclesia darstellte. Heute kann man Sieg über das Böse deuten oder redend für Wülfrath „Rodung des Wolfs", Aufbau, Kultivierung.

Wolfgang Pagenstecher
Oberpräsident Koblenz
18. August 1938

KREIS NEUSS

Gespalten von Silber und Gold; vorne ein durchgehendes schwarzes Kreuz, hinten ein rotgezungter schwarzer Löwe.

Der Kreis Neuss hat als Rechtsnachfolger des erloschenen Kreises Grevenbroich dessen Wappen übernommen. Es symbolisiert die Zusammensetzung des Kreises aus ehemaligem kurkölnischen (Kreuz) und jülichschen (Löwe) Gebiet.

P. Kuhlen
Innenminister Nordrhein-Westfalen
2. Mai 1952

STADT DORMAGEN

Geteilt von Gold und Silber durch einen
blauen Wellenbalken; oben ein schreitender
rotbewehrter und — gezungter schwarzer
Löwe, unten ein geteiltes durchgehendes
schwarzes Kreuz.

Die Städte Dormagen, Zons sowie die Gemeinden
Gohr, Nievenheim und Straberg bilden seit
dem 1. Januar 1975 (Gesetz vom 10. 9. 1974)
die neue Stadt Dormagen. Das neue Wappen
übernimmt aus dem alten Dormagener Wappen
des Jahres 1935 die historischen Zeichen
der territorialen Zugehörigkeit des Stadtgebietes
zum Herzogtum Jülich und Kölner Kurstaat;
das Wellenband steht für den landschaftsprägenden
Rheinstrom, an dem die Stadt liegt.

Ulf-Dietrich Korn
Regierungspräsident Düsseldorf
21. Dezember 1977

STADT GREVENBROICH

In Rot eine silberne Burg mit Zinnenturm;
rechts ein goldener Schild, darin ein rotbewehrter
und — gezungter schwarzer Löwe.

Aufgrund des Neugliederungsgesetzes vom
10. September 1974 wurden die Städte Grevenbroich
und Wevelinghoven, die Gemeinden Gustorf,
Kapellen, Frimmersdorf und Neukirchen
sowie das Amt Hemmerden am 1. Januar 1975
zur neuen Stadt Grevenbroich zusammengeschlossen.
Das alte Wappen der Stadt Grevenbroich
wird in veränderter Form seit 1976 geführt.
Es geht auf ein Schöffensiegel (1308) zurück
und zeigt die alte Burg, die mit der
Herrschaft 1304 an die Grafen von Jülich kam,
deren Löwenschild erscheint.

Regierungspräsident Düsseldorf
9. Februar 1976

STADT KAARST

Unter silbernem Schildhaupt, darin ein durchgehendes
schwarzes Kreuz, gespalten von Blau und
Gold; vorne drei (2:1) silberne Mühleisen,
zwischen denen ein goldener Ring, hinten
ein roter von einem silbernen Schwert durchteilter
Mantel.

Nach der Vereinigung (Gesetz vom 10. 9. 1974)
der Gemeinden Büttgen und Kaarst führt
die Stadt mit Namen Kaarst aus
den alten Wappen (Jan van Werth, St. Martin)
hinweisende Einzelteile: Mühlsteine und
Ring, des van Werthschen Wappens sowie
den geteilten Martinsmantel; das kurkölnische
Kreuz erinnert an den alten Landesherrn.

Walther Bergmann
Regierungspräsident Düsseldorf
8. Februar 1979

STADT KORSCHENBROICH

Gespalten, vorne in Silber ein schwarzes durchgehendes Kreuz, hinten von Gold und Schwarz fünfmal geteilt.

Die Gemeinden Korschenbroich, Kleinenbroich, Pesch, Glehn und Liedberg bilden seit dem 1. Januar 1975 (Gesetz vom 10. 9. 1974) die neue Stadt, die in ihrem Wappen die Zeichen der Landeszugehörigkeit (kurkölnisches Kreuz) eines Teils der Gemeinden und des bei Korschenbroich ansässigen Geschlechtes Millendonk-Mirlaer (Balken) vereinigt.

Regierungspräsident Düsseldorf
22. Juli 1977

STADT MEERBUSCH

Unter rotem Schildhaupt im Wellenschnitt
in Gold acht im Stiel sternförmig zusammengeschlossene
rote Blätter.

Die Gemeinden Büderich, Osterath und
die Gemeinden des Amtes Lank bilden seit dem
18. Dezember 1969 die Stadt Meerbusch.
Als Wappen wählten sie ein modernes, redendes
Symbol. Das Schildhaupt im Wellenschnitt
steht für Meer, die Blätter (acht Gemeinden)
stilisieren den Busch.

Waldemar Mallek
Regierungspräsident Düsseldorf
13. Oktober 1971

STADT NEUSS

Gespalten von Schwarz und Rot. Vorne ein rot bewehrter und — gezungter goldener Doppeladler, hinten ein durchgehendes silbernes Kreuz. Auf dem Schild eine goldene Kaiserkrone.

In die Stadt Neuss wurden nach dem Niederrhein-Gesetz die Gemeinden Holzheim, Norf und Rosellen eingegliedert. Das Wappen, das von dieser Maßnahme unberührt blieb, verbindet das durch ein mittelalterliches Siegel nachgewiesene Kreuz (Kreuzfahrer) mit dem 1475 durch Kaiser Friedrich III. als Privileg verliehenen Reichsadler, wie es seit der Mitte des 16. Jahrhunderts gebraucht wird.

Ulf-Dietrich Korn
Privileg Kaiser Friedrichs III. 1475

GEMEINDE JÜCHEN

In Blau eine silberne Kirche; rechts ein goldener Schild, darin ein rotgezungter schwarzer Löwe; oben vorne ein zunehmender goldener Mond, hinten ein goldener Stern.

Nach der Neugliederung der Gemeinden Jüchen, Bedburdyck, Garzweiler und Hochneukirch wird mit dem Namen Jüchen auch das Wappen fortgeführt. Es ist ein Ortswappen (Kirche) mit dem Zeichen des Landesherrn (Jülicher Löwenschild) und geht auf ein Schöffensiegel des 13. Jahrhunderts zurück.

Wolfgang Pagenstecher 1927
Neufassung Regierungspräsident Düsseldorf
21. Juli 1978

GEMEINDE ROMMERSKIRCHEN

In Grün drei (2:1) goldene Adler, über denen
ein fünflätziger goldener Turnierkragen.

Nach dem Zusammenschluß der Gemeinden
Rommerskirchen, Nettesheim-Butzheim,
Hoeningen, Oekoven und Frixheim-Anstel
nahm die Gemeinde ein Wappen an, bei
dem sie historisch an das Haus (Burg)
Anstel anknüpfte; deren Schöffen führten das
Adlersiegel nachweislich 1355.
Die fünf Lätze des Turnierkragens repräsentieren
die fünf Ortsteile; die Farben stehen für
die Naturlandschaft (Grün) und den Getreideanbau
(Gold).

Lothar Müller-Westphal
Regierungspräsident Düsseldorf
4. Oktober 1979

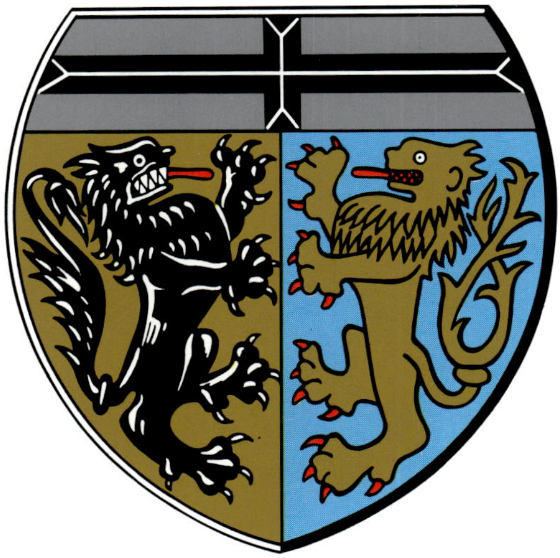

KREIS VIERSEN

Unter silbernem Schildhaupt, darin ein durchgehendes schwarzes Kreuz, gespalten von Gold und Blau; einander zugewandt vorne ein rot gezungter schwarzer Löwe, hinten ein rot bewehrter und rot gezungter zwiegeschwänzter goldener Löwe.

Der Kreis Viersen, entstanden am 1. Januar 1975 durch das Gesetz vom 18. 12. 1969 zur Neugliederung des Kreises Kempen-Krefeld und der kreisfreien Stadt Viersen, führt das Wappen des Kreises Kempen-Krefeld fort. Die Wappenbilder sind die Zeichen der alten Landesherrn: Kurfürst von Köln (Kreuz), Herzog von Jülich (schwarzer Löwe) und Herzog von Geldern.

Wolfgang Pagenstecher
Preußisches Staatsministerium
13. Mai 1932

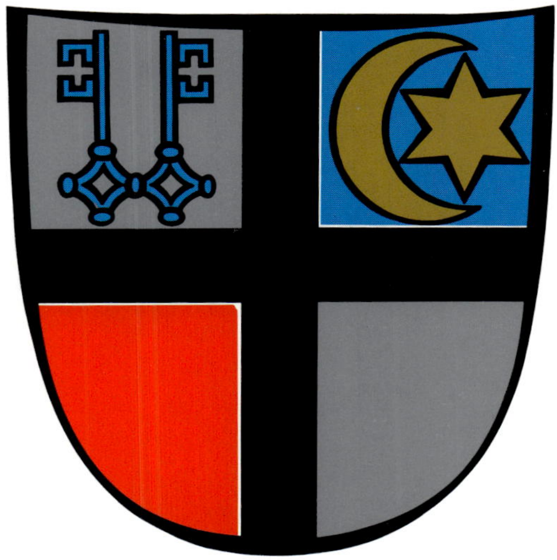

STADT KEMPEN

In Silber durch ein durchgehendes schwarzes
Kreuz geviertelt;
1. zwei miteinander verbundene blaue Schlüssel
mit abgewendeten Bärten,
2. ein blaues Feld, darin ein abnehmender
goldener Halbmond, in dessen Rundung
ein goldener Stern,
3. ein rotes Feld,
4. ledig.

Am 1. Januar 1970 wurde die alte kurkölnische
Stadt Kempen um die Gemeinden Hüls,
St. Hubert, Schmalbroich und Tönisberg
erweitert. Der Stadtteil Hüls wurde zum
1. Januar 1975 wieder ausgegliedert und
der Stadt Krefeld zugeordnet. Sie führt das
auf ein Stadtsiegel des 14. Jahrhunderts zurückgehende
Wappen weiter, in dem das Kreuz auf den
alten Landesherrn weist, Schlüssel (Peterskirche)
und Gestirne alte Ortszeichen sind.

Neufassung durch Edwin-Arnold Pleiner
Regierungspräsident Düsseldorf
8. April 1971

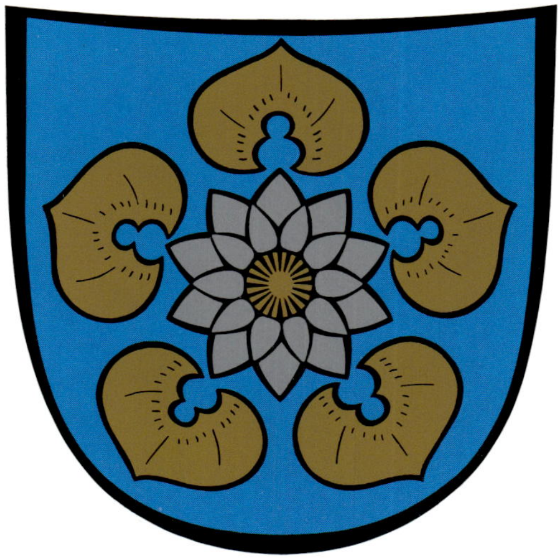

STADT NETTETAL

In Blau eine silberne Seerose mit goldenem Butzen, umgeben von fünf goldenen Seerosenblättern.

Die Stadt Nettetal entstand am 1. Januar 1970 durch den Zusammenschluß der Städte Kaldenkirchen und Lobberich und der Gemeinden Breyell, Hinsbeck und Leuth. Das völlig neu geschaffene Wappen weist auf die Natur der Landschaft (Wasser, Seerose) hin, in der die Stadt liegt.

Edwin-Arnold Pleiner
Regierungspräsident Düsseldorf
8. April 1971

STADT TÖNISVORST

In Silber eine gestürzte blaue Spitze, belegt
mit einem schwebenden goldenen Antoniuskreuz.

Tönisvorst ist aus den Gemeinden St. Tönis
und Vorst gebildet (1. Januar 1970) und vereinigt
mit den Namen auch die jeweiligen Wappenfarben
(Gold-Blau und Silber-Blau). Das Heroldsstück
erinnert redend an Vorst, die gemeine Figur
aus alten Schöffensiegeln an den Pfarrpatron
von St. Tönis (Antonius).

Edwin-Arnold Pleiner
Regierungspräsident Düsseldorf
22. Juni 1972

STADT VIERSEN

In Blau drei (2:1) silberne Mispelblüten.

Durch Neugliederung (1. Januar 1970) vergrößerte sich Viersen um die Städte Dülken und Süchteln, sowie die Gemeinde Boisheim. Die Mispelblüte als die älteste geldrische Wappenfigur ist aus dem alten Viersener Wappen übernommen; ihre Dreizahl deutet auf die drei alten Städte.

H. P. Schall
Regierungspräsident Düsseldorf
25. April 1974

STADT WILLICH

In Blau ein goldenes Kreuz, umgeben von einem quadratischen goldenen Rahmen, der an jeder Seite von dem goldenen Buchstaben W umflochten ist, dessen mittlere Spitze das Kreuz berührt.

Die Gemeinden Anrath, Neersen, Schiefbahn und Willich sind durch das Gesetz vom 18. 12. 1969 zur Neugliederung des Kreises Kempen-Krefeld und der kreisfreien Stadt Viersen seit dem 1. Januar 1970 zur Stadt Willich vereint; sie verzichteten auf ihre alten Wappen und nahmen ein modernes Symbol an, in dem der Rahmen den Zusammenschluß versinnbildlicht und das Buchstabenband auf den Namen weist; nur das kleine Kreuz erinnert an die einstmalige Zugehörigkeit zum kölnischen Kurstaat.

Walter Breker
Regierungspräsident Düsseldorf
30. Oktober 1971

GEMEINDE BRÜGGEN

In Gold vorne die auf silberner Bank sitzende, blau gekrönte Muttergottes mit rotem Kleid und blauem Mantel, mit der Linken den auf ihrem Schoße sitzenden nimbierten Jesusknaben, mit der Rechten einen Rosenzweig haltend; hinten ein rot bewehrter und rot gezungter schwarzer Löwe, in den Pranken eine schwarze Lanze mit blauem Wimpel.

Brüggen und Bracht wurden am 1. Januar 1970 zusammengeführt; das Brachter Wappen, das auf ein Siegel des Dingstuhls aus dem 14. Jahrhundert zurückgeht, wurde beibehalten. Es zeigt die Pfarrpatronin und den Löwen von Jülich.

Wolfgang Pagenstecher (1929)
Neufassung Edwin-Arnold Pleiner
Regierungspräsident Düsseldorf
16. Mai 1972

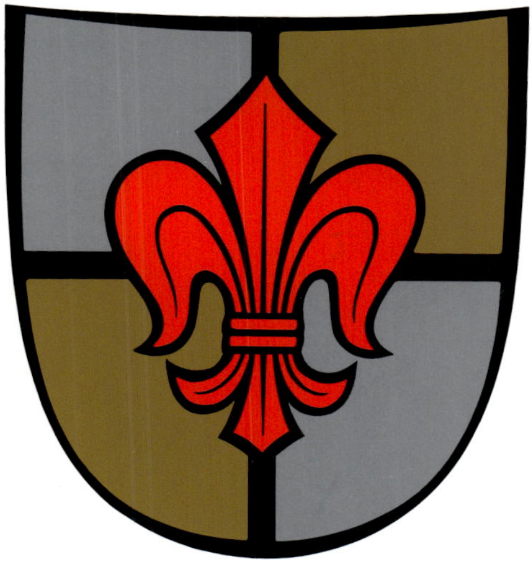

GEMEINDE GREFRATH

Geviertelt durch ein durchgehendes schwarzes Kreuz: 1 und 3 Silber, 2 und 3 Gold; belegt mit einer roten Lilie.

Grefrath und Oedt bilden seit dem 1. Januar 1970 eine Gemeinde. Gold und Silber sind aus den erloschenen Wappen übernommen, die auf älteren Schöffensiegeln beruhen; ebenso die Lilie der Ministerialenfamilie Greverode bzw. das kurkölnische Kreuz.

Edwin-Arnold Pleiner
Regierungspräsident Düsseldorf
16. Mai 1972

GEMEINDE NIEDERKRÜCHTEN

Gespalten von Gold und Silber; vorne eine halbe rote Lilie, auf der ein grüner Papagei linksgewendet; hinten drei blaue Balken.

Niederkrüchten und Elmpt wurden am 1. Januar 1972 zusammengelegt und 1975 in den Kreis Viersen eingegliedert. Die Wappenbilder weisen auf ortsansässige Geschlechter, die Lilie auf die Herren von Elmpt, die Balken auf die Herren von Brempt hin.

Walther Bergmann
Regierungspräsident Düsseldorf
9. Februar 1976

GEMEINDE SCHWALMTAL

Gespalten von Blau und Silber; vorne der
in Gold und Silber gekleidete Erzengel Michael,
einem schwarzen Drachen zu seinen Füßen
eine rote Kreuzeslanze in den Rachen stoßend;
hinten drei blaue Balken.

Schwalmtal ist durch Zusammenlegung der
Gemeinden Waldniel und Amern entstanden
(1. Januar 1970), aus deren Wappen die Ortssymbole
zu dem neuen Wappen vereint wurden;
der Erzengel Michael ist Waldnieler Pfarrpatron
und aus einem Schöffensiegel (1652) bekannt,
die Balken weisen auf die Herren von Amern
(Ambere 1267).

Edwin-Arnold Pleiner
Regierungspräsident Düsseldorf
8. April 1971

KREIS WESEL

In Grün eine silberne Kopfweide.

Der Kreis Wesel entstand durch das Niederrhein-Gesetz vom 9. Juli 1974 aus der Neugliederung der alten Kreise Dinslaken, Moers und Rees, die alle Wappen geführt hatten. Eine Kombination erwies sich als undurchführbar, so daß der Kreistag ein völlig neues Symbol erwählte, das der Natur entnommen ist; die Kopfweide ist der charakteristische niederrheinische Baum. Die dreizehn Zweige stehen für die kreisangehörigen Städte und Gemeinden; die drei Wurzeln versinnbildlichen die erloschenen Kreise, aus denen der neue Kreis erwuchs.

Regierungspräsident Düsseldorf
14. Juli 1978

STADT DINSLAKEN

In Silber eine rote Burg mit Zinnenmauern und einem Zinnenturm, flankiert von zwei Türmen mit Spitzdach.

Das Wappen geht auf das Bild des ältesten städtischen Hauptsiegels zurück (nach 1273) und drückt die Befestigung dieser klevischen Stadt aus.

Preußisches Staatsministerium
23. April 1928

STADT KAMP-LINTFORT

In Rot eine dreitürmige silberne Kirche mit grünem Dach und Turmhelm; im rechten Obereck ein goldenes Schildchen, darin eine blaue Kugel mit goldenem Ring umspannt, von dem eine goldene Pflugschar abhängt; im Schildfuß gekreuzt ein schwarzer Schlägel und Hammer.

1950 wurde Kamp-Linfort Stadt, die im Wappen Vergangenheit und Gegenwart ausdrücken will. Die Kamper Abteikirche erinnert an das berühmte Zisterzienserkloster (1123—1802), dessen zivilisatorisches Werk in dem kleinen Wappen ausgedrückt ist. Die Bergmannswerkzeuge bedeuten die Industrie des 20. Jahrhunderts.

Wolfgang Pagenstecher
Innenminister Nordrhein-Westfalen
9. Dezember 1949

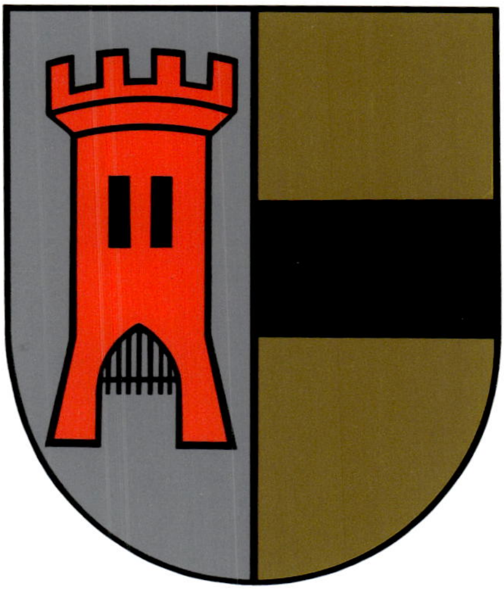

STADT MOERS

Gespalten von Silber und Gold, vorne ein roter Zinnenturm mit offenem, schwarzen Fallgatter, hinten ein schwarzer Balken.

Nach der Eingliederung der Gemeinden Kapellen und Rheinkamp in die Stadt Moers (31. Dezember 1974) führt Moers das alte Wappen weiter, das auf mittelalterliche Siegel zurückgeht. Neben dem Turm als Symbol für die befestigte Stadt (1300) steht das Wappen der Grafen von Moers, bei deren Burg die Siedlung lag.

Hermann Habben
Regierungspräsident Düsseldorf
30. Oktober 1975

STADT NEUKIRCHEN-VLUYN

In Schwarz drei goldene schräglinke Wellenbalken.

Das Wappen lehnt sich an ein Schultheißensiegel aus dem Jahre 1540 an; die Wellen bedeuten drei alte Rheinarme. Die Farben wurden von der Grafschaft Moers entlehnt, auf deren altem Gebiet die Stadt liegt.

Ulf-Dietrich Korn
Innenminister Nordrhein-Westfalen

23. November 1961

STADT RHEINBERG

In Silber ein durchgehendes rotes Kreuz, überdeckt mit einem aufgerichteten goldenen Schlüssel mit nach links abgewendetem Bart.

Nach der Eingliederung der Stadt Orsoy und der Gemeinden Borth und Budberg (Niederrhein-Gesetz vom 9. 7. 1974) behielt die alte kurkölnische Stadt (1233) Rheinberg ihr am Rathaus schon 1449 angebrachtes Wappen; das Kreuz deutet auf den geistlichen Landesherrn, der Schlüssel auf den hl. Petrus; Vorbild sind Stadt- und Schöffensiegel.

Innenminister Nordrhein-Westfalen (für das Siegel)
20. Juli 1961

STADT VOERDE

Geteilt von Schwarz und Rot; an der Teilungslinie
oben ein oberhalbes goldenes Rad, unten
ein halbes silbernes Herzschildchen überdeckt
mit einer halben goldenen Lilienhaspel.

Das Voerder Wappen verbindet in vermindeter
Art die Wappen der ortsansässigen Herren
von Syberg (Rad) mit dem herzoglich-klevischen,
das im Gerichtssiegel von Götterswickershamm-Spellen
geführt wurde.

Otto Korn
Innenminister Nordrhein-Westfalen
18. Oktober 1951

STADT WESEL

In Rot ein silberner Herzschild begleitet
von drei (2:1) silbernen Wieseln.

Mit der gesetzlichen Neugliederung vom
24. Juni 1969 wurden die Stadt Wesel und
die Gemeinden Flüren und Obrighoven-Lackhausen
vereint; ferner wurden durch das Niederrhein-Gesetz
1975 die Gemeinden Bislich, Diersfordt und
Büderich in die Stadt eingegliedert.
Die redenden Wiesel für Wesel erscheinen
bereits auf mittelalterlichen Siegeln (1269),
sie stehen allein im Schild. Seit 1600 ist das
Wappen überliefert, das die Wiesel in das
Stammwappen der Klever Grafen setzt. Späteres
Beiwerk, der preußische Adler, Füllhorn
und Pflanzen, entfallen heute.

Hauptsatzung (1984)

STADT XANTEN

In Silber, mit einem schwarzen, mit elf goldenen Kugeln belegten Schildbord, zwei schräggekreuzte schwarze Schlüssel mit abgewendeten Bärten, zwischen denen oben ein schwebendes schwarzes Kreuz.

Mit Gesetz vom 24. Juni 1969 wurden die Gemeinden Birten, Marienbaum und Wardt in die Stadt Xanten eingegliedert.
Xanten besitzt seit 1228 Stadtrechte. Die Schlüssel tauchen in den ältesten Stadtsiegeln auf und versinnbildlichen die Zugehörigkeit zum Erzstift Köln und dessen Patron, den hl. Petrus; die Kugeln erinnern an den hl. Nikolaus in einem mittelalterlichen Schöffensiegel.

1911, Neufassung 1953.

GEMEINDE ALPEN

Elfmal geteilt von Gold und Rot, überdeckt
mit einem rotbewehrten schwarzen Adler.

Die Gemeinden Alpen, Menzelen und Veen
wurden gesetzlich (24. Juni 1969) zusammengeschlossen.
Das Wappen geht auf die Grafen von Neuenahr
zurück, die Herren der kölnischen Erbvogtei
waren. Es begegnet schon im ältesten Alpener
(Stadt-) Siegel aus dem 14. Jahrhundert.

Hermann Habben
Regierungspräsident Düsseldorf
14. Januar 1971

GEMEINDE HAMMINKELN

In Grün ein silberner Rundschild, belegt mit einer schwarzen Lilienhaspel; auf dem Schildrand sieben kleine Rundschilde in Wechselfarben; im Schildfuß ein silberner Wellenbalken.

Die Gemeinden Hamminkeln, Brünen, Dingden, Loikum, Ringenberg und Wertherbruch und der Großteil der Gemeinde Haffen-Mehr sind gesetzlich (9. 7. 1974) zu der Gemeinde Hamminkeln zusammengeschlossen (1. Januar 1975), die im Wappen alle berücksichtigt sein wollten. Als gemeinsames historisches Zeichen wurde die klevische Lilienhaspel übernommen; die neue Gemeinde ist durch den großen Schild symbolisiert, die kleinen Schildchen bedeuten die alten Gemeinden, und der Wellenbalken stellt die Issel dar. Die Landschaft ist durch Grün charakterisiert.

Regierungspräsident Düsseldorf
11. November 1977

GEMEINDE HÜNXE

Geteilt von Blau und Rot; oben ein linksgerichteter goldener Pfeil, überhöht von einem achtstrahligen goldenen Stern; unten ein unterhalbes silbernes Schildchen an der Teilungslinie, überdeckt von einer unterhalben goldenen Lilienhaspel.

Seit 1. Januar 1975 sind durch das Niederrhein-Gesetz vom 9. Juli 1974 die Gemeinden Hünxe, Gartrop-Bühl, Drevenack und Krudenburg vereint. Das Wappen greift auf mittelalterliche Schöffensiegel der Gerichte Hünxe und Drevenack zurück, die über dem landesherrlichen Zeichen die Kirchenpatrone, den hl. Suitbertus bzw. den hl. Sebastian, zeigen; deren Attribute, Stern bzw. Pfeil, übernimmt das moderne Wappen.

Regierungspräsident Düsseldorf
9. Juni 1976

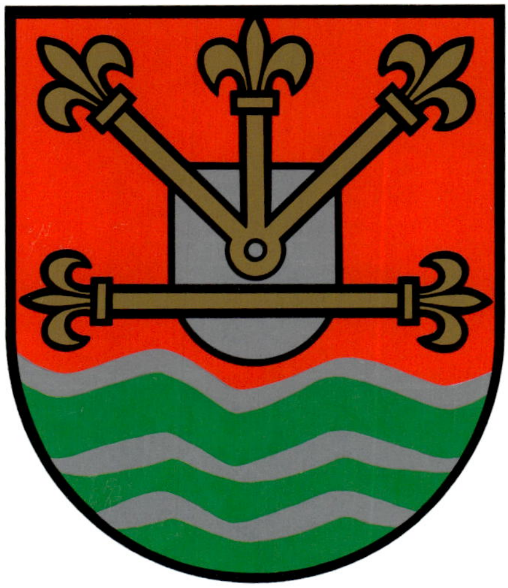

GEMEINDE SCHERMBECK

In Rot ein silberner Herzschild, überdeckt
von einer dreistrahligen goldenen Lilienhaspel
und einem goldenen Lilienbalken; im silbernen
Wellenschildfuß drei grüne Wellenbalken.

Durch Neugliederung (Niederrhein-Gesetz
vom 9. Juli 1974) wurden die Gemeinden
Schermbeck, Bricht, Damm, Weselerwald,
Dämmerwald, Overbeck, Altschermbeck
und Gahlen vereint. Das Wappen entwickelt
das des Amtes Schermbeck (Lilienbalken
und Wellenbalken) weiter; es geht auf ein
seit 1500 bekanntes Ortssiegel zurück,
in dem die Wellen auf den Ortsnamen (Bach)
hinweisen; bemerkenswert ist die Darstellung
der klevischen Lilienhaspel, die nach der
alten Vorlage übernommen wurde.

Walther Bergmann
Regierungspräsident Düsseldorf
21. Dezember 1977

GEMEINDE SONSBECK

In Rot eine strahlende goldene Sonne, überdeckt
mit einem erniedrigten blauen Wellenbalken,
dieser oben begleitet von einem dreizinnigen
roten Mauerstück.

Das Wappen der aus Sonsbeck, Labbeck
und Hamb vereinigten neuen Gemeinde
(24. Juni 1969) knüpft an das Amtswappen
an; schon ältere Siegel führten redende Zeichen
(Sonne, Bach); das Mauerstück erinnert an
Sonsbecks einstigen Stadtcharakter.

Hermann Habben
Regierungspräsident Düsseldorf
9. September 1970

Regierungsbezirk
Köln

Kreisfreie Städte

STADT AACHEN

In Gold ein rot bewehrter und — gezungter
schwarzer Adler.

Im Zuge der Verwaltungsreform im Raume Aachen
mit Gesetz vom 14. Dezbember 1971 wurden
die Gemeinden Laurensberg, Richterich, Brand,
Eilendorf, Haaren, Walheim und Kornelimünster
als selbständige Verwaltungseinheiten
aufgelöst und in die Stadt Aachen eingegliedert.
Das alte historische Wappen blieb bestehen.
Der Reichsadler erscheint erstmalig in einem
Siegel um 1350 und seit dem 17. Jahrhundert
in dem städtischen Sekretsiegel.

Hauptsatzung 24. Januar 1980

BUNDESHAUPTSTADT BONN

Geteilt von Silber und Rot; oben ein durchgehendes schwarzes Kreuz, unten ein schreitender herschauender goldener Löwe.

Gesetzlich (10. Juni 1969) wurden die Städte Bonn, Beuel, Bad Godesberg und die Gemeinden Buschdorf, Duisdorf, Ippendorf, Lengsdorf, Lessenich und Röttgen, alle Amt Duisdorf, und die Gemeinden Holzlar, Oberkassel zusammengeschlossen. Die neue Stadt trägt den Namen Bonn. Die Bonner Stadtfarben Gold und Rot kamen bei den erloschenen Gemeinden teilweise als Wappenfarben vor. Die alten Bonner Zeichen, das kurkölnische Kreuz und der Löwe als städtisches Rechtssymbol, wurden beibehalten und neu tingiert. Sie begegnen bereits in Siegeln des 14. Jahrhunderts und als Wappen kurze Zeit später. Bei der Übernahme des alten Bonner Wappens für die Bundeshauptstadt spielte auch das Verfahren der alten Reichshauptstadt Berlin mit, die bei den verschiedenen Eingemeindungen des 19. und 20. Jahrhunderts stets ihr Wappen weitergeführt hat.

Walther Bergmann
Regierungspräsident Köln
8. Juli 1971

STADT KÖLN

Ein schwarzer golden nimbierter, golden bewehrter, rot gezungter Doppeladler mit silbernem Schwert und goldenem Zepter in den Fängen, von einer Kaiserkrone überhöht; auf seiner Brust ein Schild, darin unter rotem Schildhaupt mit drei goldenen Kronen in Silber 11 schwarze Flammen (5:4:2).

Die Eingemeindungen des 20. Jahrhunderts, zuletzt die von Porz, Lövenich und Rodenkirchen (Köln-Gesetz vom 5. November 1974), haben das Kölner Wappen nicht berührt. Das Kronenwappen erinnert an die hl. Drei Könige und entstand vor 1315; erst um 1500 füllte man den von Silber ledigen Schild mit Hermelin, dessen Anzahl (elf) volkssymbolisch mit der hl. Ursula und den 11 000 Jungfrauen in Verbindung gebracht wurde. Heute werden diese Hermelinschwänzchen als Flammen dargestellt. Dieses eigentliche Kölner Wappen wurde im 15. Jahrhundert dem Reichsadler in der Form, wie Kaiser Siegesmund ihn festgelegt hatte, als Brustschild aufgelegt. Reichssymbol und Stadtwappen sind seit 1897 als Einheit betrachtet worden.

Hauptsatzung der Stadt Köln
8. Juli 1982

STADT LEVERKUSEN

In Silber ein blau gekrönter, — gezungter und — bewehrter zwiegeschwänzter roter Löwe, überdeckt mit einem schwarzen Wechselzinnenbalken.

Zum 1. Januar 1975 entstand durch das Köln-Gesetz (5. November 1974) aus Leverkusen, Opladen, Bergisch Neukirchen und Hitdorf die neue Stadt Leverkusen. Bis zum Jahre 1976 führte Leverkusen das der Stadt Wiesdorf 1923 verliehene Wappen, das dem Siegel der Schöffen von Wiesdorf (1567) nachgebildet war und den bergischen Löwen und die Rheinfähre darstellte. Da die Wappen der früher selbständigen Städte Bergisch Neukirchen (1929) und Hitdorf (1931) ebenfalls den Bergischen Löwen zeigten, wählte man für das neue Wappen diese Figur und den Wechselzinnenbalken des Wappens von Opladen (1883), der das erste Wappen der Grafen von Berg war.

Ulf-Dietrich Korn
Regierungspräsident Köln
19. August 1976

Kreise und Kreisangehörige Städte und Gemeinden

KREIS AACHEN

Unter goldenem Schildhaupt, darin ein schreitender rot gezungter schwarzer Löwe, in Blau ein schwarz bewehrter und rot gezungter silberner Schwan, der auf dem Grind eines goldenen Hirschgeweihes steht.

Durch die gesetzliche Neugliederung des Aachener Raumes (14. Dezember 1971) wurde der Kreis Aachen aus folgenden Gemeinden und Städten neu gebildet: Alsdorf, Baesweiler, Eschweiler, Herzogenrath, Roetgen, Monschau, Simmerath, Stolberg und Würselen. Der Kreistag beschloß die Weiterführung des alten Kreiswappens. Dieses zeigt den Jülicher Löwen in Erinnerung an die ehemalige Zugehörigkeit zum Herzogtum; ferner das Wappenbild der 1897 nach Aachen eingemeindeten Stadt Burtscheid, das von den ortsbegüterten Grafen von Woestenraedt abgeleitet ist.

Wolfgang Pagenstecher
Regierungspräsident Köln
20. Dezember 1972

STADT ALSDORF

In Gold ein blauer Balken, belegt mit einem
goldenen Blatt; oben gekreuzt ein blauer
Schlägel und ein blauer Hammer, daneben ein
blauer Löwe, unten der gleiche Löwe.

Die Stadt entstand aus den Gemeinden Alsdorf,
Bettendorf und Hoengen. Das Wappen geht
auf das Siegel des Goswin von Ailstorp (1439)
zurück; das Blatt soll ein Seerosenblatt sein
wegen der ehemaligen Wasserburg bei Alsdorf.
Ausgetauscht wurde ein Löwe gegen das
Bergmannsgezäh, um so auf den örtlichen
Bergbau seit 1848 hinzuweisen. Die Farben
sind frei erfunden, jedoch glaubte die Gemeinde 1936,
es seien die Limburgischen.

Wolfgang Pagenstecher
Oberpräsident Koblenz
14. August 1936

STADT BAESWEILER

Geteilt von Gold und Blau; oben ein linksgewendeter, rotgezungter und -bewehrter wachsender schwarzer Löwe, unten zwei gekreuzte und gestürzte silberne Pfeile.

Durch Neugliederungsgesetz vom 14. Dezember 1971 wurden die Gemeinden Baesweiler, Oidtweiler, Setterich und Puffendorf zusammengeschlossen; es wurde das Wappen des ehemaligen Amtes Baesweiler in verbesserter Form übernommen. Dieses geht auf ein Schöffensiegel (1556) zurück. Der Löwe deutet auf den Jülicher Landesherren, die Pfeile stellen vermutlich ein Sinnbild des örtlichen Schützenwesens dar.

Friedrich August Herkendell (1936)
Lothar Müller-Westphal (1973)
Regierungspräsident Köln
19. November 1973

STADT ESCHWEILER

In Gold ein rotgezungter und -bewehrter schwarzer Löwe, in den Vorderpranken einen aufrechten blauen Schlüssel haltend.

Nach der Neugliederung, die außer der Auflösung des Amtes Dürwiß keine Folgen für Eschweiler zeitigte, behielt die Stadt ihr Wappen bei. Es hat spätmittelalterliche Schöffensiegel zum Vorbild, die den Petrusschlüssel des örtlichen Pfarrpatrons mit dem landesherrlichen Wappentier, dem Löwen von Jülich, verbinden.

Ministerium des Innern
Berlin
19. Dezember 1880

STADT HERZOGENRATH

In Silber ein zwiegeschwänzter gold gezungter
und gold bewehrter roter Löwe.

Durch Gesetz (14. Dezember 1971) wurden
die Stadt Herzogenrath und die Gemeinden
Kohlscheid und Merkstein zusammengeschlossen.
Das Wappen der neuen Stadt zeigt den Löwen
der Herzöge von Limburg, die Herzogenrath
Stadtrechte verliehen (13. Jahrhundert), jedoch
ohne Krone. Es geht auf das Siegel der Schöffen
von 1403 zurück. Nach seinem Untergang
in Napoleonischer Zeit wurde das Wappen
1919 wieder angenommen.

Josef Esser
Regierungspräsident Köln
10. Mai 1973

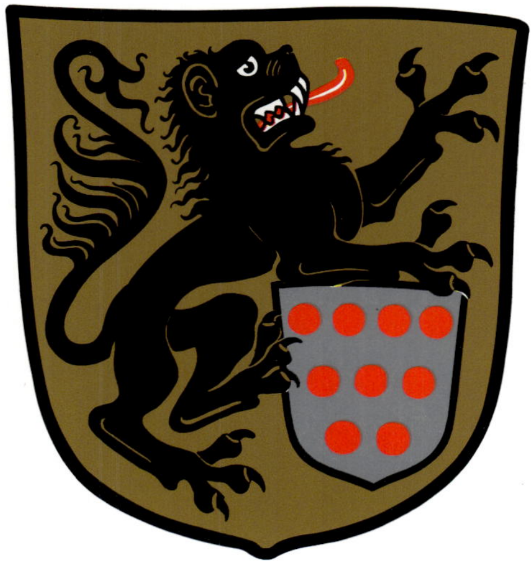

STADT MONSCHAU

In Gold ein linksgewendeter rot gezungter schwarzer Löwe, in den Pranken einen silbernen Schild haltend, darin neun (4:3:2) rote Kugeln.

Die kommunale Neugliederung im Aachener Raum (14. Dezember 1971) vereinigte die Stadt Monschau und die Gemeinden Höfen, Imgenbroich, Kalterherberg, Konzen, Mützenich und Rohren. Die Übernahme des Monschauer Wappens beruht auf Ratsbeschluß. Siegel seit 1600 zeigen das vorliegende Bild, in denen der Löwe den alten Jülicher Landesherren bedeutet, während der Schild das Wappen der 1354 mit Monschau belehnten Herren von Schönforst ist.

Regierungspräsident Köln
16. April 1974

STADT STOLBERG

In einem mit goldenen Steinen bestreuten roten Schild ein gold gezungter silberner Löwe, überdeckt mit einem fünflätzigen schwarzen Turnierkragen.

Die Eingliederung Gressenichs berührte nicht das Wappen. Es greift dasjenige der ehemaligen Herren von Stolberg-Frenz-Setterich auf; die Frenz entstammen dem Limburger Herzogshaus, dessen Wappentier sie in gewandelter Form führten. Es erscheint so bereits in Siegeln des 13. Jahrhunderts.

Allerhöchste Kabinettsordre Berlin
7. April 1880

STADT WÜRSELEN

Geviert: 1. in Gold ein rot bewehrter und
— gezungter schwarzer Adler,
2. in Grün ein schräglinker silberner Wellenbalken,
3. in Grün über goldenem Dreiberg ein gekreuzter
silberner Schlägel und ein silberner Hammer
mit goldenen Griffen,
4. in Silber ein durchgehendes schwarzes Kreuz.

Das Aachen-Gesetz (14. Dezember 1971) vereinigte die Stadt Würselen und die Gemeinden Bardenberg und Broichweiden. Die 1924 Stadt gewordene Gemeinde versinnbildlicht mit dem Wappen Geschichte und Gegenwart: der Reichsadler bedeutet das „Aachener Reich", der Wellenbalken den Wurmbach (und die Rheinprovinz), das Bergmannsgezähe den seit dem 12. Jahrhundert betriebenen Bergbau und das kurkölnische Kreuz die geistliche Oberhoheit des Erzbistums Köln.

Preußisches Staatsministerium Berlin
8. Juli 1922

GEMEINDE ROETGEN

In Rot ein silberner Drache, der von einer schräglinks geneigten goldenen Kreuzeslanze durchbohrt wird.

Das Wappen geht auf das der früheren Gemeinde Rott zurück, die am 14. Dezember 1971 mit den Ortschaften Roetgen und Mulartshütte zusammengeschlossen wurde. Die Symbole sind im Zusammenhang mit der Wallfahrt in Rott verständlich, deren Patron der hl. Quirinus war, der nach der Sage mit der Kreuzeslanze einen Drachen bezwang und das Christentum einführte.

Walther Bergmann
Regierungspräsident Köln
21. März 1973

GEMEINDE SIMMERATH

In Gold ein blaues „S“.

Simmerath besteht aus folgenden Gemeinden der alten Ämter Simmerath und Kesternich: Simmerath, Lammersdorf, Kesternich, Rurberg, Steckenborn und Strauch. Weiterhin aus der ehemaligen Gemeinde Eicherscheidt (Amtsbezirk Imgenbroich) und der Ortschaft Einruhr aus der alten Gemeinde Dreiborn. Nur die Gemeinde Eicherscheid führte ein Wappen. In Ermangelung historischer Symbole entschied sich die neue Gemeinde für ein landschaftsspezifisches Zeichen in Form eines Gemerkes (S), das gleichzeitig den Rursee darstellen soll. Das goldene Metall ist die Schildfarbe des alten Jülichschen Landesherrn.

Anneliese Hermes
Regierungspräsident Köln
9. Dezember 1975

KREIS DÜREN

Geteilt von Gold und Blau; oben ein wachsender rot gezungter schwarzer Löwe, unten ein silberner Bogen Papier belegt mit einem schwarzen „D".

Durch Neugliederung des Aachener Raumes (14. Dezember 1971) wurden auch die Kreise Düren und Jülich betroffen. Der neue Kreis übernahm das alte Kreiswappen, das aus Anlaß des 125jährigen Bestehens des Kreises 1941 geschaffen wurde. Das alte Jülicher Kreiswappen von 1932 zeigte den Jülicher Löwen. Deutet der geminderte Löwe als Wappentier des ehemaligen Landesherrn auf die Zugehörigkeit des Kreisgebietes zum Herzogtum Jülich, so weist der Papierbogen auf die seit dem 16. Jahrhundert nachweisbare Papiermacherkunst und das besonders im 19. Jahrhundert erblühte Gewerbe der Feinpapierfabrikation (frz. papier de Duren) hin.

Wolfgang Pagenstecher
Regierungspräsident Köln
27. Oktober 1972

STADT DÜREN

Von Gold und geteilt; oben ein rot bewehrter und — gezungter schwarzer Adler, unten ein schreitender rot bewehrter und — gezungter schwarzer Löwe.

Das Neugliederungsgesetz vom 14. Dezember 1971 vereinigte nachfolgende Gemeinden mit der Stadt: Niederau, Lendersdorf, Birgel, Gürzenich, Echtz-Konzendorf, Derichsweiler, Mariaweiler-Hoven, Merken, Birkesdorf und Arnoldsweiler. Düren war 748 Ort einer Reichsversammlung unter Pippin. Seit 1241 ist die Stadt an die Grafen von Jülich verpfändet, was in den Siegeln durch die Figuren des kaiserlichen Reichsadlers über dem landesherrlichen Löwen ausgedrückt ist. Nach diesem Vorbild entstand das heutige Wappen.

Heinrich Dauer
Preußisches Staatsministerium
30. August 1923

STADT HEIMBACH

In Schwarz ein silberner Zinnenturm mit rotem Dach, roten Pechnasen und offenem roten Fallgatter, sein Sockel überdeckt mit einem gelehnten goldenen Schildchen, darin ein rot bewehrter und rot gezungter schwarzer Löwe.

Die Stadt Heimbach schloß sich freiwillig mit den Gemeinden Hausen (1968) und Hergarten und Vlatten (1969) zusammen. Zum 1. 1. 1972 wurde die neu gebildete Stadt Heimbach mit den Gemeinden des ehemaligen Amtes Nideggen zur neuen Stadt Nideggen zusammengeschlossen. Gegen diese Verbindung legte Heimbach erfolgreich Verfassungsbeschwerde ein und erhielt am 4. 8. 1972 seine Selbständigkeit zurück. Die gültige Hauptsatzung der Stadt bestimmt die Übernahme des Wappens des ehemaligen Amtes Heimbach. Es fußt auf dem spätmittelalterlichen Gerichtssiegel Heimbach, das seit 1343 als Stadt galt; der Jülicher Schild erinnert an die Privilegien Graf Wilhelms.

Otto Nausester
Preußisches Staatsministerium
19. Mai 1930

STADT JÜLICH

Gespalten von Gold und Rot; vorne ein rot gezungter und rot bewehrter schwarzer Löwe, hinten über ansteigender silberner Zinnenmauer eine halbe silberne Burg mit zwei Zinnentürmen.

Die Stadt Jülich wurde zum 1. 1. 1972 (Gesetz vom 14. Dezember 1971) mit den Gemeinden Barmen, Bourheim, Broich, Kirchberg, Koslar, Mersch, Merzenhausen, Pattern, Stetternich und Welldorf zusammengeschlossen. Sie behielt ihr Wappen bei. Der Wappenschild des gräflichen Stadtherren steht bereits im Hauptsiegel der Stadt um 1300, dort im Tor der Burganlage. Die Burg weist auf die Stadtrechte (ca. 1238) und die Mauerbefestigung (ca. 1280). Die heutige Wappenform des gespaltenen Schildes, die als Wappen im 16. Jahrhundert bezeugt ist und im 19. Jahrhundert wieder in Gebrauch kommt, findet sich auf einem Schöffensiegel des Jahres 1292.

8. Oktober 1886

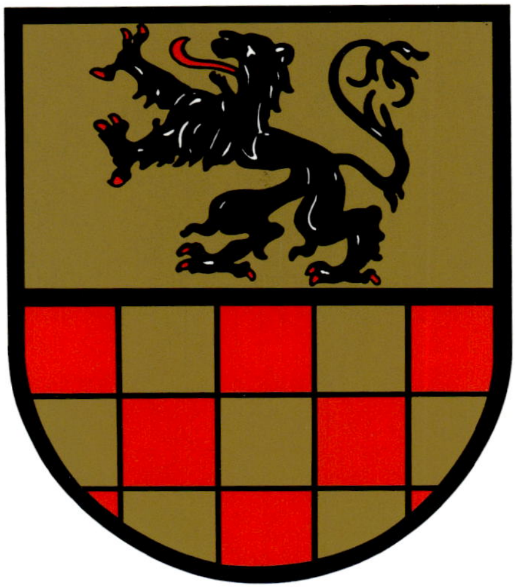

STADT LINNICH

Geteilt, oben in Gold ein rot gezungter und rot bewehrter scharzer Löwe, unten in drei Reihen geschacht von Rot und Gold.

Die Neugliederung erfolgte in zwei Stufen: mit Gesetz vom 24. Juni 1969 wurden die Gemeinden Boslar, Ederen, Gereonsweiler, Tetz, Welz, Gevenich, Glimbach, Kofferen, Hottorf und Körrenzig nach Linnich eingegliedert. Durch Gesetz vom 14. Dezember 1971 folgte Floßdorf, die Stadt selbst kam zum Kreise Düren. Der mittelalterliche Ort Linnich gehört seit 1222 bzw. 1368 den Edelherren von Randerath, die einen geschachten Schild führten. Seit dem Übergang an Jülich zeigt das Schöffensiegel den Jülicher Löwen und das geminderte Schach. Seit dem 18. Jahrhundert ist das Siegel heraldisiert.

Ab 1972 weitergeführt.

STADT NIDEGGEN

In Gold ein rot bewehrter und rot gezungter schwarzer Löwe, mit der rechten Hinterpranke einen schrägrechten blauen Pfeil haltend.

Die alte Herzogsstadt nahm in neuester Zeit (1953) das Wappen ohne behördliche Genehmigung an; 1971 (Aachen-Gesetz) erfolgte der Zusammenschluß mit den Gemeinden Abenden, Berg-Thuir, Bürvenich, Muldenau, Obermaubach-Schlagstein und Schmidt; danach wurde das Nideggensche Wappen übernommen und um seine offizielle Genehmigung angesucht. Das Wappen geht auf ein Siegel des Jahres 1666 zurück.

Wolfgang Pagenstecher
Regierungspräsident Köln
9. Dezember 1975

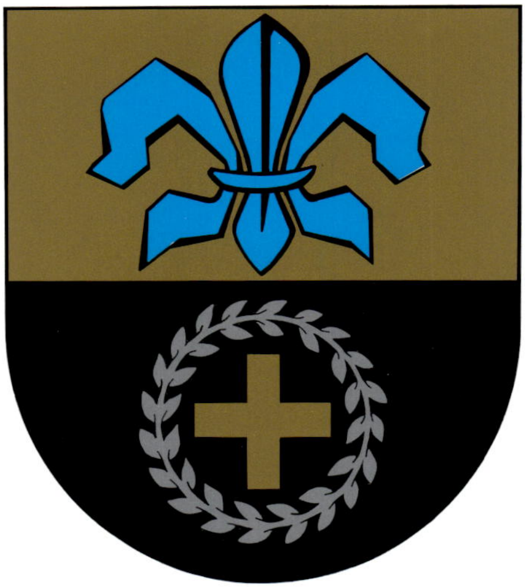

GEMEINDE ALDENHOVEN

Geteilt von Gold und Schwarz; oben eine blaue Lilie, unten ein schwebendes goldenes Kreuz innerhalb eines silbernen Lorbeerkranzes.

Mit Gesetz vom 14. Dezember 1971 wurden die Gemeinden Aldenhoven, Dürboslar, Freialdenhoven, Niedermerz, Siersdorf, Schleiden, Pattern und Engelsdorf zusammengeschlossen. Das Gemeindewappen übernimmt das Amtswappen der früher dem Kreis Jülich angehörigen Gemeinde, das die Lilie Aldenhovens mit dem Kranz Siersdorfs und dem Kreuz Frei-Aldenhovens vereinigt, die wiederum auf ehemalige Schöffensiegel zurückgehen. Nach lokaler Tradition steht die Lilie als Symbol der Marienverehrung in der Gnadenkapelle Aldenhovens.

Walther Bergmann
Regierungspräsident Köln
8. Februar 1973

GEMEINDE HÜRTGENWALD

In Grün ein goldener Göpel, begleitet von drei silbernen Kiefernzapfen.

Die Gemeinde wurde 1969 (Gesetz vom 24. Juni 1969) neu gegliedert, sodann durch das Aachen-Gesetz (14. Dezember 1971) aus dem Zusammenschluß von Ortschaften aus den Ämtern Straß, Simmerath und Bergstein, nämlich Zerkall, Bergstein, Brandenberg, Gey, Großhau, Kleinhau, Hürtgen, Straß, Horm, Schafberg, Raffelsbrand, Simonskall und Vossenack erneut gebildet. Die grüne Farbe und die Kiefernzapfen stehen für die Landschaft, die zu einem Göpel geformten Keile weisen auf die drei erloschenen Ämter.

Josef Esser
Regierungspräsident Köln
8. Dezember 1975

GEMEINDE INDEN

Ein silbernes Schildhaupt in Blau; überdeckt
von einer Kirche in Frontansicht in Wechselfarben
mit einem Tatzenkreuz auf Turm und Dächern,
im Portal ein goldener Schild mit einem rot
gezungten und rot bewehrten schwarzen
Löwen.

Das durch die kommunale Neugliederung
(Gesetz vom 14. Dezember 1971), die die
Gemeinden Inden, Altdorf, Schophoven,
Pier, Lucherberg, Lamersdorf und Frenz
vereinte, notwendig gewordene Wappen
für Inden ist nach dem Pierer Schöffensiegel
gefertigt worden; es zeigt die Ortskirche
in Verbindung mit dem Wappenschild des
Jülicher Landesherren.

Lothar Müller-Westphal
Regierungspräsident Köln
6. Mai 1974

GEMEINDE KREUZAU

Unter schwarzem Schildhaupt, darin ein goldenes durchgehendes Kreuz, in Gold ein rot gezungter schwarzer Löwe.

Durch die Neuordnung des Dürener Raumes (24. Juni 1969) wurden die Gemeinden Bogheim, Boich-Leversbach, Drove, Kreuzau, Stockheim, Thum, Üdingen und Winden zusammengeschlossen; zum 14. Dezember 1971 folgten Obermaubach-Schlagstein und Untermaubach. Das alte Kreuzauer Wappen wurde unverändert übernommen. Durch das Kreuz redet es, der Löwe und die Farben sind die von Jülich. Vorbild ist ein Schöffensiegel des 16. Jahrhunderts.

H. P. Schall
Regierungspräsident Aachen
26. Mai 1970

GEMEINDE LANGERWEHE

Gespalten von Gold und Grün; vorne ein rot gezungter und rot bewehrter schwarzer Löwe, hinten drei (2:1) silberne Henkelkrüge.

Das Aachen-Gesetz (14. Dezember 1971) berührte auch die Gemeinden Langerwehe, Jüngersdorf, Wenau, Luchem, Geich-Obergeich und Dhorn, die zusammengeschlossen wurden. Die neue Gemeinde mit dem Namen Langerwehe übernahm das Wappen der alten, das auf ein Weher Siegel des Jahres 1543 zurückgeht. Neben dem Zeichen des Landesherren von Jülich steht das Ortssymbol der Krüge für das ansässige Töpferhandwerk.

P. Siebertz
Regierungspräsident Köln
18. August 1972

GEMEINDE MERZENICH

In Rot ein goldener Doppeladler überhöht
von einem durchgehenden vierlätzigen goldenen
Turnierkragen.

Merzenich wurde um Morschenich, Girbelsrath
und Golzheim durch Neugliederung (Gesetz
vom 24. Juni 1969) vergrößert unter Beibehaltung
des Namens und Abänderung des alten Gemeindewappens,
dessen Doppeladler golden tingiert wurde
(Schöffensiegel 1447). Der Turnierkragen,
dessen vier Lätze die Anzahl der vereinten Gemeinden
symbolisieren, ist dem Wappen des Geschlechts
der Stach von Golzheim entlehnt.

Lothar Müller-Westphal
Regierungspräsident Köln
24. Oktober 1975

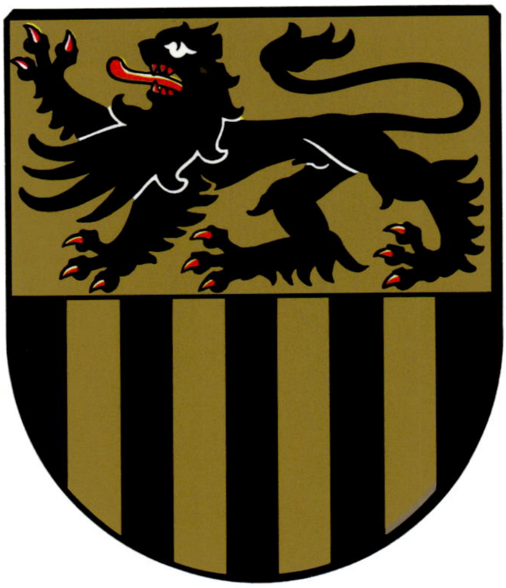

GEMEINDE NIEDERZIER

Geteilt von Gold und Schwarz; oben ein rot gezungter und rot bewehrter schreitender schwarzer Löwe, unten vier goldene Pfähle.

Seit dem Gesetz vom 14. Dezember 1971 sind die Gemeinden Ellen, Hambach, Huchem-Stammeln, Niederzier, Oberzier, Selhausen, Steinstraß sowie der Ortsteil Krauthausen der Stadt Jülich zu einer neuen Gemeinde vereint, die den Namen Niederzier annahm. Erinnert der Löwe an die Zugehörigkeit zum alten Landesherrn, dem Herzog von Jülich, so weisen die vier Pfähle, durch die der Schild in neun Felder geteilt wird, an die neun zusammengeschlossenen Gemeinden; auch die früher in Niederzier ansässige Familie Hochsteden führte Pfähle in ihrem Wappen.

Ulf-Dietrich Korn
Regierungspräsident Köln
25. August 1975

GEMEINDE NÖRVENICH

Geteilt von Gold und Grün; oben ein rot gezungter und rot bewehrter wachsender schwarzer Löwe, unten ein rot gekrönter, rot gezungter und rot bewehrter schreitender goldener Löwe.

Durch Gesetz vom 18. Dezember 1968 sind nachfolgende Gemeinden zusammengeschlossen worden: Binsfeld, Eggersheim, Eschweiler über Feld, Frauwüllesheim, Hochkirchen, Irresheim, Nörvenich, Oberbolheim, Poll und Rath. Das angenommene Wappen fußt auf einem jüngeren Schöffensiegel des Jahres 1556, das den geminderten Jülicher Löwen zeigt; das andere Tier (Löwe?) ist noch nicht eindeutig bestimmt. Handelt es sich, wie im Hochkirchener Siegel von 1447, um den geldrischen Löwen?

Joseph Decku
Innenminister Nordrhein-Westfalen
26. Juni 1969

GEMEINDE TITZ

In Gold ein rot gezungter und rot bewehrter schwarzer Löwe, begleitet von fünf blauen Sternen, im linken Obereck ein abnehmender blauer Mond.

Die neue Gemeinde Titz besteht seit dem 1. Januar 1972 durch den Zusammenschluß von Titz, das sich bereits 1969 freiwillig mit Gevelsdorf, Hasselsweiler und Müntz vereint hatte, und Rödingen. Beide führten Wappen. Der Rat beschloß die Annahme des Wappens des ehemaligen Amts Titz, in dem der Jülicher Löwe steht und die Sterne an die erloschenen Gemeinden erinnern. Der Mond war Bestandteil des alten Titzer Gemeindewappens.

Josef Esser
Regierungspräsident Köln
11. Dezember 1972

GEMEINDE VETTWEISS

In Grün über einem goldenen Schild, darin ein rot bewehrter und rot gezungter schwarzer Löwe, wachsend die blau gewandete Gottesmutter mit dem Jesusknaben — beide golden nimbiert — auf dem rechten Arm in goldenem Strahlenkranze.

Vettweiß und Müddersheim, beide erst 1969 (24. 6.) neugegliedert, wurden durch Gesetz (14. Dezember 1971) zusammengeschlossen; die Gemeinde führt das alte Vettweißer Wappen fort, das auf ein Siegel des Hofesgerichts Vettweiß aus dem Jahre 1550 zurückgeht. Ob die Gottesmutter durch den seit dem 11. Jahrhundert nachweisbaren grundherrlichen Zehnt des Kölner Mariagradenstifts zu erklären ist oder einer lokalen Marienverehrung entspringt, ist nicht genau festzustellen. Der Löwenschild ist der des Jülicher Herzogs als ehemaliger Landesherr.

Innenminister Nordrhein-Westfalen
24. Mai 1967

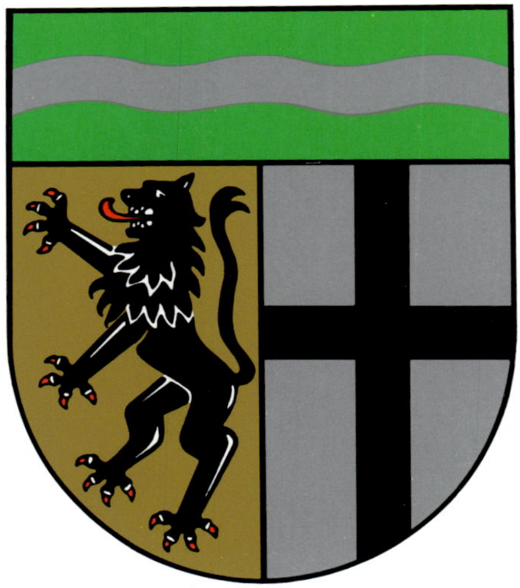

ERFTKREIS

Unter grünem Schildhaupt, darin ein silberner Wellenbalken, gespalten von Gold und Silber, vorne ein rot gezungter und rot bewehrter schwarzer Löwe, hinten ein durchgehendes schwarzes Kreuz.

Die ehemaligen Kreise Köln und Bergheim wurden zum 1. Januar 1975 zum Erftkreis vereint. Im Wappen wird der Name durch das Schildhaupt zum Ausdruck gebracht, indem das Silberband die Erft darstellen soll; der Jülicher Löwe und das erzstiftische Kreuz erinnern an die alten Territorien.

Kerne
Regierungspräsident Köln
20. April 1976

STADT BEDBURG

Geteilt von Rot und Silber; oben in mit fünf
silbernen Wecken bestreutem Feld ein gekrönter,
zwiegeschwänzter, wachsender silberner
Löwe; unten ein rotes Schildchen, überhöht
von einem fünflätzigen blauen Turnierkragen.

Durch das Köln-Gesetz vom 5. November 1974
wurden die Städte Bedburg und Kaster,
die Gemeinden Pütz, Königshoven und Lipp
neu gegliedert und zusammengeschlossen.
Gemäß Ratsbeschluß führt die neue Stadt
die bisherigen Hoheitszeichen weiter.
Der Löwe der Herrschaft Bedburg stammt von
den Herren von Heinsberg, Turnierkragen
mit Leerschild von den Herren von Salm-Reifferscheidt.
Die Wecken sind der Zahl der Lätze angepaßt
und weisen auf die fünf alten Gemeinden hin.

Regierungspräsident Köln
7. November 1977

STADT BERGHEIM

In Blau eine gezinnte silberne Ringmauer
mit je einem Zinnenturm an den Flanken und
einem Tor oben und unten, darin ein
goldener Schild mit einem rot gezungten
und rot bewehrten schwarzen Löwen.

Die Kreisstadt führt auch nach der Neugliederung
durch Gesetz vom 5. November 1974, das
die Gemeinden Glesch, Hückelhoven, Niederaußem,
Oberaußem-Fortuna, Paffendorf, Quadrath-Ichendorf
sowie Teile von Heppendorf, Horrem und
Sindorf sowie die Stadt Bedburg betraf, ihr
altes, im Jahre 1961 angenommenes Wappen
weiter. Dieses zeigt das Bild eines Bergheimer
Schöffensiegels von 1361 mit der Ringmauer
als städtischem Attribut; der Schild weist
auf den ehemaligen Landesherren von Jülich.

Neugenehmigung
Regierungspräsident Köln
6. April 1976

STADT BRÜHL

In Gold über einem silbernen Schild mit durchgehendem schwarzen Kreuz der wachsende, golden nimbierte heilige Petrus mit blauem Mantel, in der Rechten einen blauen Doppelschlüssel, in der Linken ein rotes Buch; beiderseits übereinander rechts drei, links vier zugewendete Männerköpfe.

Brühl, seit 1285 kurkölnische Stadt, zeigt bereits im mittelalterlichen Schöffensiegel (1308), das auch als Stadtsiegel diente, die Zeichen Kurkölns: den Kreuzschild und den Patron des Erzstifts. Die Männerköpfe weisen auf das Schöffenkollegium hin.

Wolfgang Pagenstecher
erneuert durch Ratsbeschluß 1947

STADT ERFTSTADT

In Grün ein rechter silberner Pfahl, am linken Schildrand zwei goldene Quadrate.

Die gesetzliche Neugliederung (10. Juni 1969) führte zusammen: Stadt Lechenich, Gemeinden Dorweiler, Erp, Pingsheim (Amt Lechenich); Bliesheim, Kierdorf und Liblar (Amt Liblar); Dirmerzheim, Gymnich (Amt Gymnich); Borr, Friesheim, Niederberg (Amt Friesheim); Wissersheim (Amt Nörvenich); das neue Gemeinwesen erhielt den Namen Erftstadt und ein neues redendes Wappen. Die Tingierung des Schildes bedeutet die Flußlandschaft der Erft, die durch den silbernen Pfahl symbolisiert ist; die Figuren ergeben ein E für den Namen der Stadt.

Günterberg
Regierungspräsident Köln
15. März 1974

STADT FRECHEN

In Gold ein rot gezungter und rot bewehrter schwarzer Löwe, in den Vorderpranken einen braunen Krug haltend.

Die Gemeinde, die seit 1951 Stadt ist, führt zur Erinnerung an ihre alte Landeszugehörigkeit den Jülicher Löwen, der einen Bartmannkrug, das typische Produkt der lokalen Töpferei, hochhält.

Preußisches Staatsministerium
22. August 1928

STADT HÜRTH

Geteilt und oben gespalten von Schwarz
und Silber, vorne ein rot bewehrter und —
gezungter silberner Adler, hinten ein durchgehendes
schwarzes Kreuz; unten in Rot ein unterhalbes
silbernes Zahnrad.

Die aus mehreren Gemeinden entstandene
Großgemeinde, seit 1978 Stadt, führt als
Ortssymbol den Adler der Ritter Hurth von
Schöneck, fälschlich mit denen von Hurte
gleichgesetzt, und das Zeichen des kurkölnischen
Landesherrn (Kreuz); das Zahnrad steht für
die örtliche Schwerindustrie.

Preußischer Minister des Innern
26. Oktober 1934

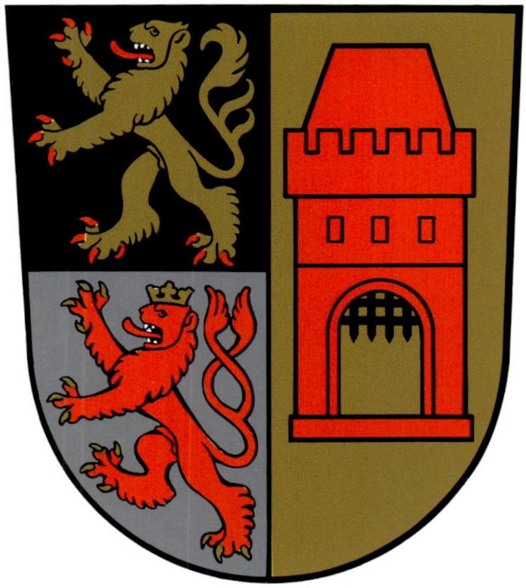

STADT KERPEN

Gespalten und vorne geteilt von Schwarz und Silber, oben ein rot gezungter und rot bewehrter goldener Löwe, unten ein golden gekrönter und golden bewehrter zwiegeschwänzter roter Löwe; hinten in Gold ein roter Torturm mit offenem Fallgatter.

Durch die Neugliederung des Kölner Raumes (Gesetz vom 5. November 1974) wurden die bisher selbständigen Gemeinden Blatzheim, Buir, Horrem, Manheim, Mödrath, Sindorf, Türnich und die Stadt Kerpen zusammengeschlossen. Die neue Stadt Kerpen führt ihr altes Wappen weiter. Das Wappen greift auf ein Schöffensiegel (1306) zurück und zeigt als Symbol der dynastisch-territorialen Tradition die Löwen von Brabant und Limburg, während der Torturm auf die im 12. Jahrhundert bezeugte kaiserliche Burg in Kerpen hinweist.

Neufassung von Lothar Müller-Westphal
Regierungspräsident Köln
10. September 1976

STADT PULHEIM

Gespalten von Silber und Blau; vorne ein schwarzer Turm, hinten eine goldene Abtskrümme.

Das neue Wappen wurde notwendig, nachdem Pulheim mit Brauweiler, Stommeln und Sinnersdorf vereint wurde (1. Januar 1975). Der Turm aus dem Wappen der namengebenden Gemeinde steht auf dem vornehmeren Platz des Schildes; die Abtskrümme entstammt dem erloschenen Brauweiler Wappen und hält so die Erinnerung an die bedeutende ehemalige Benediktinerabtei lebendig.

Joseph Esser
Regierungspräsident Köln
26. September 1977

STADT WESSELING

In Rot vorne ein silberner Schild, darin ein roter Löwe, hinten ein silberner Lilienstab mit Querbalken, darauf zwei einander zugekehrte silberne Vögel.

Das Wappen wurde 1937 vom Oberpräsidenten der Rheinprovinz verliehen. Es erlosch durch Wesselings Eingemeindung nach Köln, die nach erfolgreichem Prozeß der Stadt 1976 rückgängig gemacht wurde, so daß das alte Wappen in verbesserter Form wieder geführt wird. Der Löwenschild zeigt den geminderten bergischen Löwen als Erinnerung an den früheren Landesherren; der Lebensbaum, antik-christliches Symbol, findet sich auf Schöffensiegeln der Freiheit Niederwesseling aus dem 14. Jahrhundert.

Regierungspräsident Köln
2. Juni 1977

GEMEINDE ELSDORF

In Silber, von einem schwarzen Balken geteilt, oben ein wachsender roter Wolfskopf, unten ein grünes Kleeblatt und ein grünes Eichblatt mit goldener Eichel.

Elsdorf übernahm das Wappen des Amtes Elsdorf von 1938. Der Zusammenschluß erfolgte aus den Gemeinden Angelsdorf, Elsdorf, Esch, Heppendorf, Nieder- und Oberembt am 1. Januar 1975. Wolfskopf und Balken werden auf die Gebrüder von Kuzzde zurückgeführt, die dem mittelalterlichen Kuzziggau den Namen gaben, in dem Elsdorf liegt. Kleeblatt und Eichel sind moderne Zeichen, die auf die Wirtschaftszweige Land- und Forstwirtschaft hinweisen.

Anneliese Renftle-Hermes
Regierungspräsident Köln
13. Dezember 1976

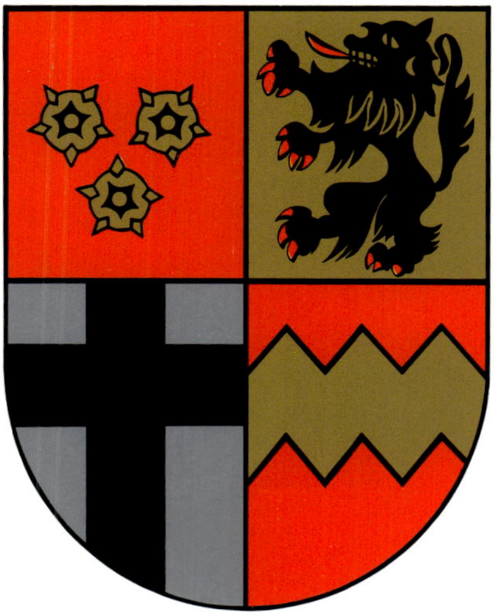

KREIS EUSKIRCHEN

Geviert: 1. In Rot drei (2:1) goldene Rosen;
2. in Gold ein rot bewehrter und rot gezungter
schwarzer Löwe;
3. in Silber ein durchgehendes schwarzes Kreuz;
4. in Rot ein goldener Zickzackbalken.

Der neue Kreis Euskirchen, aus den alten Kreisen Schleiden und Euskirchen entstanden (14. Dezember 1971), führt in abgewandelter Form das Schleidener Wappen weiter. Die Symbole beziehen sich auf die alten Dynasten des vereinigten Kreisgebietes: Rosen (Arenberg), Löwe (Jülich), Kreuz (Kurköln), Balken (Manderscheid-Blankenheim).

Regierungspräsident Köln
31. Oktober 1973

STADT EUSKIRCHEN

In Rot ein goldener Torturm mit zwei Zinnentürmchen und offenem Fallgatter, beseitet von je einem Schildchen, darin rechts in Silber ein golden gekrönter links gewendeter zwiegeschwänzter roter Löwe, links in Gold ein schwarzer rechtsgewandter Löwe.

Die Neugliederung des Euskirchener Raumes (10. Juni 1969) vereinte die Stadt mit 19 Gemeinden: Frauenberg, Elsig, Euenheim (Amt Frauenberg), Dom-Esch, Flamersheim, Großbüllesheim, Kuchheim, Kleinbüllesheim, Kuchenheim, Niederkastenholz, Palmersheim, Roitzheim, Schweinheim, Stotzheim, Weidesheim, Wüschheim (Amt Kuchenheim), Billig, Kreuzweingarten-Rheder, Wißkirchen (Amt Satzvey-Wachendorf-Enzen). Das alte, 1954 genehmigte Wappen, wurde übernommen. Es zeigt den Torturm als Zeichen der Stadtbefestigung und den Schild des Stadtgründers (1302) aus dem Hause Monschau-Falkenburg-Limburg sowie denjenigen des seit 1368 die Herrschaft ausübenden Jülichschen Herzogs.

Regierungspräsident Köln
6. Juli 1970

STADT MECHERNICH

Geteilt von Gold und Blau; oben ein schreitender rot gezungter und rot bewehrter schwarzer Löwe, belegt mit einem durchgehenden, fünflätzigen roten Turnierkragen; unten gekreuzt ein silberner Schlägel und silberner Hammer.

Aufgrund der kommunalen Neugliederung wurden am 1. Januar 1972 21 bis zum 30. Juni 1969 selbständige Gemeinden und weitere Gemeindeteile zur neuen Gemeinde Mechernich vereinigt. Das Wappen der bisherigen Gemeinde Mechernich wurde unverändert für die neugebildete Gemeinde (seit dem 25. Juli 1975 Stadt Mechernich) übernommen. Es weist im oberen Teil auf das Geschlecht der Grafen von Blankenheim, während das Bergmannsgezäh auf den örtlichen Bergbau hindeutet.

1935 Adolf Closs
1973 Konrad Schaefer
Regierungspräsident Köln
9. Februar 1973

STADT BAD MÜNSTEREIFEL

Geteilt von Gold und Rot, oben ein wachsender rot gezungter und rot bewehrter schwarzer Löwe, unten ein goldener fünfstrahliger Stern.

Durch die kommunale Gebietsreform vom 1. Juli 1969 wurden die Gemeinden Arloff, Effelsberg, Houverath, Iversheim, Mahlberg, Mutscheid, Rupperath und Schönau (Amt Münstereifel-Land), Eschweiler und Kalkar des Amtes Satzvey-Wachendorf- Enzen, wie auch Hohn und Nöthen des Amtes Zingsheim zur neuen Stadt Bad Münstereifel vereint. Das alte Münstereifeler Wappen wird weitergeführt. Es verbindet nach dem Vorbild des Schöffensiegels der Stadt Münstereifel aus dem 13. Jahrhundert den Löwen, das Symbol der Landesherren, der Grafen und späteren Herzöge von Jülich mit dem Stern, der in ungeklärter Weise mit der von Prüm aus erfolgten Klostergründung der Benediktiner zu sehen sein wird; vielleicht symbolisiert er die Reinheit der heiligen Patrone Chrysantus und Daria.

Konrad Schaefer
Regierungspräsident Köln
27. März 1972

STADT SCHLEIDEN

In Grün mit goldenen Lilien bestreut, ein golden gekrönter und rot gezungter zwiegeschwänzter silberner Löwe.

Die mit Gesetz vom 14. Dezember 1971 entstandene neue Stadt Schleiden geht aus den Städten Schleiden und Gemünd, den Gemeinden Dreiborn, Broich, Bronsfeld, Harperscheid, Schöneseiffen und Oberhausen hervor. Das Schleidener Wappen ist durch das Grün Gemünds neu tingiert worden; der Löwe weist auf die Burgsiedlung der Herren von Schleiden und erscheint in mittelalterlichen Schöffensiegeln.

Walther Bergmann
Regierungspräsident Köln
19. August 1976

STADT ZÜLPICH

In Silber ein durchbrochenes, durchgehendes schwarzes Kreuz, überdeckt von einem roten Herzschild, in dem zwei gekreuzte goldene Schlüssel.

Durch die Neugliederung vom 10. Juni 1969 wurden die Gemeinden Bessenich, Nemmenich, Oberelvenich, Rövenich, Wichterich, Weiler, ferner Dürscheven, Enzen, Linzenich-Lövenich, Ülpenich sowie Langendorf, Merzenich und Sinzenich mit der Stadt Zülpich vereint, die Namen und Wappen weiterführt. Am 14. Dezember 1971 folgten die Gemeinden Füssenich und Bürvenich. Das Wappen geht auf mittelalterliche Siegel zurück und verbindet das kurkölnische Hoheitszeichen (Gegensiegel 1288) mit dem Symbol des hl. Petrus (Stadtsiegel 1270); es ist seit dem 17. Jahrhundert so bezeugt.

Konrad Schaefer
Regierungspräsident Köln
4. Mai 1972

GEMEINDE BLANKENHEIM

In Gold ein rot gezungter und rot bewehrter
schwarzer Löwe, belegt mit einem fünflätzigen
roten Turnierkragen.

Durch das Gesetz vom 24. Juni 1969 über
die Neugliederung des Kreises Schleiden
wurden folgende Gemeinden zusammengelegt:
Ahrdorf, Alendorf, Blankenheim, Blankenheimerdorf,
Dollendorf, Freilingen, Hüngersdorf, Lommersdorf,
Mülheim, Reetz, Ripsdorf, Uedelhoven, Waldorf,
Lindweiler und Rohr. Die alten Zeichen von
Amt und Gemeinde Blankenheim sind leicht
verändert übernommen worden. Der Löwe
ist das Wappentier der Grafen von Blankenheim
und tritt in Verbindung mit dem Turnierkragen
in Schöffensiegeln des 16. Jahrhunderts auf.

Konrad Schaefer
Regierungspräsident Aachen
8. September 1971

GEMEINDE DAHLEM

Von Silber und Rot geteilt; oben ein wachsender, gold bewehrter roter Adler, unten drei (2:1) schrägrechts gestellte silberne Hämmer.

Mit Gesetz vom 24. Juni 1969 wurde das Amt Schmidtheim aufgelöst und die Gemeinden Baasem, Berk, Kronenberg und Schmidtheim mit Dahlem zusammengeschlossen. Die Gemeinde änderte das ihr 1952 verliehene Wappen ab; der Adler weist auf die ehemalige Landesherrschaft Kronenburg; die drei Hämmer entstammen dem Schmidtheimer Amtswappen, das wiederum auf dem der Herren von Schmidtheim beruht, und weisen auf die Eisenindustrie im Dahlemer Raum.

Regierungspräsident Köln
6. April 1976

GEMEINDE HELLENTHAL

Quadriert:
1. in Grün ein schrägrechter silberner Wellenbalken,
2. in Blau ein silbernes Antoniuskreuz
mit zwei goldenen Glöckchen,
3. in Gold ein roter Zickzackbalken,
4. in Silber über einem roten Herzschild ein blauer
fünflätziger Turnierkragen.

Die gesetzliche Neugliederung (24. Juni 1969) schloß die Gemeinden Hellenthal, Hollerath, Udenbreth und Losheim zusammen und löste das Amt Hellenthal auf. Das Wappen verbindet die historischen Adelswappen der Grafen von Manderscheid-Schleiden (3) und Salm-Reifferscheid (4) mit dem früheren Amtswappen (2) unter Einbeziehung des Wappens der Rheinprovinz (1) zur geographischen Bestimmung.

nicht genehmigt, im Gebrauch

GEMEINDE KALL

Halb gespalten und geteilt; oben vorn in Blau mit goldenen Lilien bestreut ein linksgewendeter und wachsender gold gekrönter und rot gezungter silberner Löwe, hinten in Gold ein wachsender rot bewehrter und rot gezungter schwarzer Löwe; unten in Silber zwei gestürzte, schräg gekreuzte schwarze Pfeile.

Nach der Aufhebung des Amtes und der Bildung der Großgemeinde Kall (24. Juni 1969) aus den Gemeinden Golbach, Kall, Keldenich, Sistig, Sötenich, Urft, Wahlen und Wallenthal wurden die Wappen von Amt und Gemeinde vereint und verbessert: die beiden Löwen, Zeichen der Schleidener und Jülicher Dynasten, wurden aus Courtoisie zugewendet; die Pfeile stammen aus dem Wappen der Abtei Steinfeld.

Ulf-Dietrich Korn
Regierungspräsident Köln
10. Juni 1974

GEMEINDE NETTERSHEIM

Halb gespalten und geteilt; oben vorn in Gold ein rot bewehrter und rot gezungter schwarzer Löwe, hinten in Silber ein durchgehendes schwarzes Balkenkreuz; unten in Blau sechs (3:2:1) silberne Seerosenblätter.

Durch Gesetz wurden im Jahre 1969 (6. Juni) die Gemeinden Bouderath, Buir, Engelgau, Frohngau, Holzmülheim, Pesch, Roderath, Tondorf, Zingsheim mit Marmagen und Nettersheim zu der neuen Gemeinde Nettersheim zusammengeschlossen. Die Gemeinden Nettersheim und Marmagen führten vor der Entstehung der neuen Gemeinde eigene Wappen; die Seerosenblätter der namengebenden Gemeinde wurden übernommen; sie wurden schon von den ortsansässigen ehemaligen Herren von Nechtersheim geführt. Jülicher Löwe und kurkölnisches Kreuz deuten auf die Zugehörigkeit des Gemeindegebietes zu den alten Landesherrschaften.

Ulf-Dietrich Korn
Regierungspräsident Köln
12. August 1974

GEMEINDE WEILERSWIST

Gespalten von Schwarz und Silber, vorne
ein mit einem silbernen Kreuz besteckter
silberner Turm, hinten ein nach links blickender
schwarzer Adler.

Die Neugliederung des Landkreises Euskirchen
durch Gesetz vom 10. Juni 1969 bewirkte
den Zusammenschluß der Gemeinden Lommersum,
Metternich, Müggenhausen, Vernich und
Weilerswist. Der Wappeninhalt in den kurkölnischen
Farben Silber und Schwarz bezieht sich auf
das untergegangene Dorf Swist, dessen letzter
Rest das Swistertürmchen ist, wo im Mittelalter
einmal eine romanische Kirche stand; Lommersum
ist durch den Adler aus dem Schöffensiegel
von 1675 vertreten.

Ulf-Dietrich Korn
Regierungspräsident Köln
4. Mai 1972

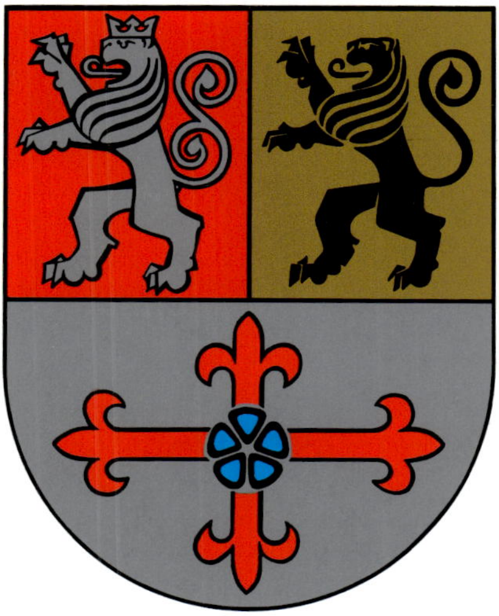

KREIS HEINSBERG

Geteilt und oben gespalten; oben vorne in Rot ein gekrönter, zwiegeschwänzter silberner Löwe, hinten in Gold ein schwarzer Löwe; unten in Silber ein schwebendes liegendes rotes Lilienkreuz, belegt mit einer fünfblättrigen blauen Flachsblüte.

Der Kreis Heinsberg wurde aufgrund des Aachen-Gesetzes (14. Dezember 1971) durch die Zusammenlegung des Selfkantkreises Geilenkirchen-Heinsberg und des Kreises Erkelenz gebildet. Das neue Wappen zeigt historische Symbole der jeweiligen Gebiete: den Heinsberger Löwen, den geminderten Jülichschen Löwen (für Geilenkirchen) und als Ausdruck der Erkelenzer Beziehungen zum Aachener Marienstift das Lilienkreuz belegt mit einem Sinnbild der Landwirtschaft.

Walther Bergmann
Regierungspräsident Köln
3. September 1973

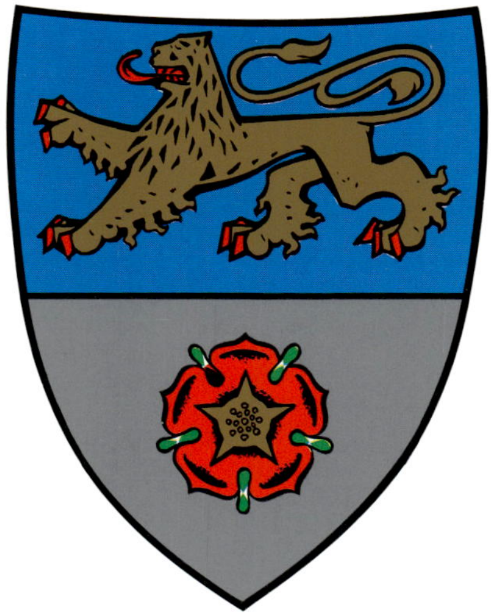

STADT ERKELENZ

Geteilt von Blau und Silber, oben ein schreitender, rot gezungter und — bewehrter zwiegeschwänzter goldener Löwe; unten eine rote Mispelblüte mit goldenem, grünbetupftem Butzen und grünen Kelchblättern.

Die Stadt Erkelenz wurde durch das Neugliederungsgesetz vom 14. Dezember 1971 mit den Gemeinden Gerderath, Golkrath, Kückhoven, Schwanenberg, Venrath, Granterath, Lövenich, Borschemich, Holzweiler, Immerath und Keyenberg und den Orten Geneiken und Kuckum vereint. Name und Wappen von Erkelenz wurden beibehalten. Beide Zeichen deuten auf die Zugehörigkeit zum alten Herzogtum Geldern des 1326 zur Stadt erhobenen Burgorts.

Walther Bergmann
Regierungspräsident Köln
Aachen 27. Oktober 1972

STADT GEILENKIRCHEN

Geteilt von Blau und Gold, oben ein wachsender rot gezungter und -bewehrter, zwiegeschwänzter goldener Löwe; unten ein rot bewehrter blauer Papagei auf einem schwarzen Ast.

Durch die Neugliederung des Aachener Raumes (Gesetz vom 14. Dezember 1972) wurden folgende Gemeinden mit der Stadt Geilenkirchen vereint: Teveren, Lindern, Beeck, Immendorf, Süggerath und Würm. Das Wappen wurde bei dieser Gelegenheit umtingiert.
Die alten Farben — schwarzer Löwe in Gold — deuteten klar auf das von Herzog Wilhelm von Jülich 1556 verliehene Schöffensiegel, wenn auch der doppelte Löwenschweif auf den Heinsberger Ursprung der älteren Schöffensiegel hinweist. Der Vogel wird als Ortszeichen und Kleinod der Schützenketten erklärt.

Josef Esser
Regierungspräsident Köln
29. November 1972

STADT HEINSBERG

In Rot ein gekrönter, zwiegeschwänzter silberner Löwe.

Das Neugliederungsgesetz vom 24. Juni 1969 schloß zusammen: die Gemeinden Schafhausen und Unterbruch sowie Aphoven; eine erneute Neugliederung (Gesetz vom 14. Dezember 1971) fügte Karken, Kempen, Kirchhoven, Oberbruch-Dremmen, Randerath und Waldenrath hinzu. Die um die Mitte des 13. Jahrhunderts zur Stadt gewordene Burgsiedlung führt das alte Heinsberger Wappen mit den Zeichen der Herren von Heinsberg.

Regierungspräsident Köln
2. Oktober 1974

STADT HÜCKELHOVEN

In Schwarz ein silberner Balken; oben in zwei Reihen versetzt vier sechsstrahlige silberne Sterne, unten schräg gekreuzt ein silberner Schlägel und ein silberner Hammer.

Die Gemeinde Hückelhoven-Ratheim wurde 1969 zur Stadt erhoben und durch das Aachen-Gesetz vom 14. Dezember 1971 mit den Gemeinden Baal, Brachelen, Doveren, Rurich und mit der Ortschaft Altmyhl zur neuen Stadt Hückelhoven zusammengeschlossen, die das Wappen der ehemaligen Gemeinde Hückelhoven beibehielt. Der silberne Balken erinnert an die alten Hückelhovener Dynasten, die Farben an das ortsansässige Geschlecht der Olmissen, das um das Jahr 1000 das Burghaus errichtete. Die Sterne deuteten ursprünglich auf die vier — heute elf — Ortsteile hin. Die Bergbaugeräte sind Symbole des örtlichen Kohlebergbaus.

Oberpräsident Koblenz, 5. August 1938
Regierungspräsident Köln, 25. Oktober 1972

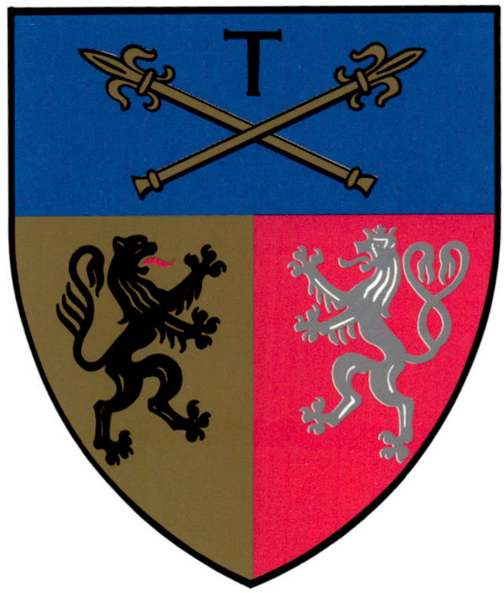

STADT ÜBACH-PALENBERG

Erhöht geteilt und unten gespalten von Gold und Rot; oben in Blau zwei gekreuzte goldene Lilienzepter, darüber der schwarze Buchstabe T, unten einander zugewendet vorne ein rot gezungter schwarzer Löwe, hinten ein gekrönter, zwiegeschwänzter silberner Löwe.

1967 wurde die Gemeinde Stadt, die 1972 dem durch das Aachen-Gesetz neu gebildeten Kreis Heinsberg eingegliedert worden ist. Das Stadtwappen ist aus historischen Dynastenwappen gebildet: T und Zepter deuten auf die frühere Grundherrschaft der Reichsabtei Thorn in Übach, der Jülicher Löwe weist auf entsprechende Landeshoheit in Frelenberg (Palenberg) und der Heinsberger Löwe auf den Ortsteil Scherpenseel.

Oberpräsident Koblenz
2. Dezember 1937

STADT WASSENBERG

In Blau eine goldene, gezinnte Torburg mit offenem Tor, auf deren Mittelturm ein gekrönter zwiegeschwänzter roter Löwe.

Durch das Aachen-Gesetz (14. Dezember 1971) wurden die Gemeinden Birgelen, Effeld, Ophoven, Orsbeck und Myhl mit Wassenberg zusammengeschlossen. Seit etwa 1250 besaß Wassenberg Stadtrechte. Das Wappen geht auf die Siegel dieser Zeit zurück und zeigt in neuerer Zeit in den Limburger Farben eine Torburg und den Schild der Herren von Wassenberg als Stadtherren. 1974 erfolgte die Neugestaltung des Wappens in den Wassenberg-Geldrischen Farben.

Walther Bergmann
Regierungspräsident Köln
21. August 1974

STADT WEGBERG

Geteilt von Blau und Silber, oben ein wachsender,
rot gekrönter, — bewehrter und — gezungter
zwiegeschwänzter goldener Löwe, unten
drei blaue Wellenbalken.

Das Aachen-Gesetz (14. Dezember 1971)
schloß die Gemeinden Arsbeck, Wildenrath und
Wegberg zusammen. Das unveränderte
Wappen Wegbergs erinnert mit dem Löwen
an die Vogteigerichtsbarkeit des Herzogs von
Geldern, während die blauen Bäche
redend für den Ortsteil Beeck stehen.

Oberpräsident Koblenz
14. April 1937

GEMEINDE GANGELT

In Gold ein schwarz gekrönter, rot bewehrter und rot gezungter, zwiegeschwänzter schwarzer Löwe, belegt mit einer silbernen Schrägrechtsleiste.

Nach dem kommunalen Zusammenschluß (Gesetz vom 24. Juni 1969) der Gemeinden Breberen-Schümm, Schierwaldenrath (Amt Gangelt), Birgden (Amt Waldenrath) und Gangelt hat die neue Gemeinde sich darauf geeinigt, das historische Wappen Gangelts beizubehalten. Ein Genehmigungsverfahren ist nicht eingeleitet worden. Dem Wappen liegt ein mittelalterliches Gerichts- und Schöffensiegel zugrunde. Der Heinsberger Löwe erscheint seit dem 16. Jahrhundert in den Farben des Herzogtums Jülich.

—

GEMEINDE SELFKANT

In Silber ein s-förmig geschwungener grüner Zweig mit acht roten Rosen, deren Kelchblätter und Butzen golden sind.

Durch kommunale Neugliederung vom 24. Juni 1969 wurde die Gemeinde Selfkant durch Zusammenschluß der Gemeinden Havert, Hillensberg, Höngen, Millen, Süsterseel, Tüddern, Wehr und Saeffelen geschaffen. Während der Name Selfkant beschlossen wurde, geht das Wappen auf das Millener Amtswappen zurück, dessen vier Rosen entsprechend der Anzahl der zusammengeschlossenen Gemeinden auf acht vermehrt wurden.

Josef Esser
Regierungspräsident Aachen
27. Februar 1970

GEMEINDE WALDFEUCHT

Über goldenem Schildfuß, darin ein schwarzer Forsthaken, in Rot ein gekrönter zwiegeschwänzter silberner Löwe.

Das Aachen-Gesetz (14. Dezember 1971) schuf durch Zusammenschluß der Gemeinden Braunsrath, Haaren und Waldfeucht sowie Eingliederung von Teilen der Gemeinde Kirchhoven die neue Gemeinde. Bereits das mittelalterliche Schöffensiegel von 1355 zeigt den Heinsberger Löwen. Der Forsthaken ist Ortssymbol und erinnert durch seine Farbe an die auf die Heinsberger gefolgte Jülicher Herrschaft.

Regierungspräsident Köln
14. März 1977

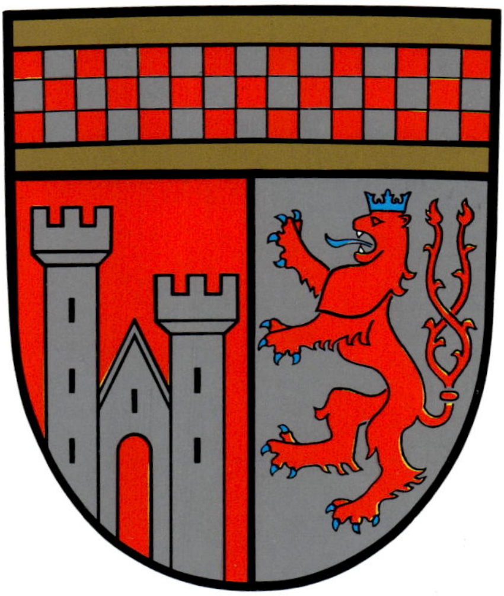

OBERBERGISCHER KREIS

Unter goldenem Schildhaupt, darin ein von Rot und Silber in drei Reihen geschachter Balken, gespalten von Rot und Silber; vorne eine silberne Burg mit einem hohen und einem niedrigen Zinnenturm, hinten ein blau gekrönter, — gezungter und — bewehrter, zwiegeschwänzter roter Löwe.

Das im Jahre 1976 erneuerte Wappen knüpft an das von Wolfgang Pagenstecher im Jahre 1938 entworfene an. Es versinnbildlicht drei ehemalige Territorialherrschaften im Kreisgebiet: Herzogtum Mark — dessen Schachbalken ist allerdings Silber-Rot —, Herrschaft Homburg des Hauses Sayn-Wittgenstein (Burg) und Herzogtum Berg (Löwe).

Regierungspräsident Köln
10. Februar 1976

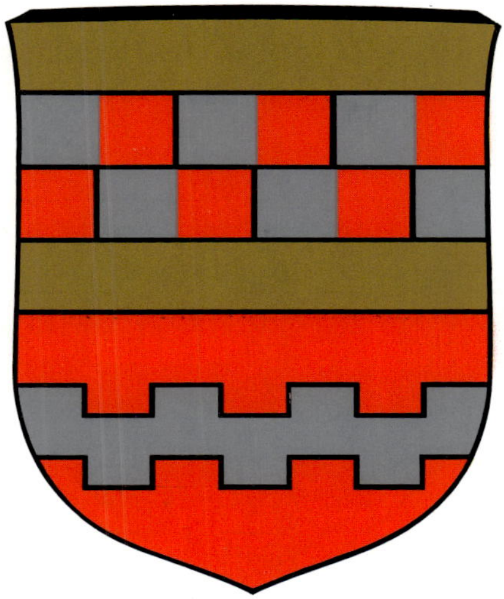

STADT BERGNEUSTADT

Geteilt von Gold und Rot, oben ein in zwei Reihen von Silber und Rot geschachter Balken, unten ein silberner Wechselzinnenbalken.

Durch die kommunale Neugliederung vom 1. Juli 1969 hat sich das Gebiet der Stadt durch eine Reihe Ortschaften nahezu verdreifacht. Die Wappenbilder gehen auf Siegel der mittelalterlichen Stadtburg zurück (nach 1301). Der Schachbalken — hier auf zwei Reihen gemindert— ist das Zeichen der Grafen von der Mark; der Wechselzinnenbalken war das Wappen der ältesten Grafen von Berg, die 1225 ausstarben.

Allerhöchster Erlaß
24. Dezember 1876

STADT GUMMERSBACH

Gespalten von Blau und Gold, vorne eine silberne Spindel mit abhängendem Faden, hinten ein in drei Reihen von Rot und Silber geschachter Balken.

Durch die kommunalen Neugliederungen vom 1. Juli 1969 und 1. Januar 1975 wurden die Gemeinde Gimborn und die Gemeinde Lieberhausen in die Stadt Gummersbach eingegliedert. Ein neues Wappen war geplant, entfiel jedoch, nachdem das alte Lieberhauser Wappen in die Amtskette des Bürgermeisters übernommen worden war; so konnte das bisherige Stadtwappen beibehalten werden. Die Spindel deutet auf die bedeutende Textilindustrie hin, die zum Aufstieg der Stadt beitrug, während der Schachbalken an die früheren Grafen von Mark erinnert.

Johann Grot
Allerhöchster Erlaß
27. Juli 1892

STADT HÜCKESWAGEN

Geteilt von Silber und Schwarz; oben ein wachsender, blau gekrönter, — gezungter und — bewehrter roter Löwe, unten ein liegendes silbernes Weberschiffchen mit abhängendem silbernen Faden.

Hückeswagen erlangte 1859 Stadtrechte. Das Wappen geht auf ein Schöffensiegel des Jahres 1556 zurück und drückt mit dem geminderten bergischen Löwen die alte Landeszugehörigkeit aus; das Schiffchen weist auf die seit dem Mittelalter ansässige Textilherstellung hin.

Allerhöchster Erlaß
9. August 1892

STADT RADEVORMWALD

In Silber ein blau gekrönter, — gezungter und — bewehrter, zwiegeschwänzter roter Löwe, der in der rechten Pranke einen goldenen Schlüssel mit auswärts gekehrten Bart oben hält.

Nach der Stadtwerdung nach 1300 nahm die Stadt ein Siegel an, das den landesherrlich-bergischen Löwen zeigt, dem als Ortszeichen vermutlich ein Schlüssel für die Eisenverarbeitung beigegeben wurde. Daraus entstand das heutige Wappen.

G. Adolf Closs
Preußisches Staatsministerium
7. November 1934

STADT WALDBRÖL

In Gold über grünem Schildfuß, darin ein silberner Wellenbalken, wachsend ein schwarzer Baum mit grünen Blättern und grünen Eichfrüchten; rechts ein silbernes Schildchen mit einer gestürzten blauen Pflugschar, links ein silbernes Schildchen mit einem blau gekrönten, — gezungten und — bewehrten zwiegeschwänzten roten Löwen.

Seit 1938 plante die Gemeinde die Annahme eines Wappens. Sie wurde 1957 zur Stadt erhoben. Die Eiche und das Flüßchen (Bröl) wollen den Namen deuten, während die Pflugschar auf den landwirtschaftlichen Charakter der Stadt hinweist, der Löwe erinnert an die alte bergische Landeshoheit.

Wolfgang Pagenstecher
Innenminister Nordrhein-Westfalen
19. Juli 1952

STADT WIEHL

In Rot eine silberne Torburg mit einem hohen Zinnenturm rechts und einem niedrigen Zinnenturm mit blauer Kuppel links; das Torhaus mit offenem goldenem Fallgatter; über dem linken Turm ein schwebendes silbernes Johanniterkreuz.

Durch die Neugliederung des Oberbergischen Kreises vom 2. Juni 1969 sind die Gemeinden Bielstein und Wiehl zusammengeschlossen worden. Seit 1971 ist die Gemeinde Stadt.
Das Wappen knüpft an das alte Wiehler Wappen an, das wiederum auf dasjenige der Sayn-Wittgensteinschen Herrschaft Homburg zurückgeht, zu der auch Bielstein gehörte, das mit dem Kreuz der Johanniter an deren Stiftung in Drabenderhöhe erinnert.

Walther Bergmann
Regierungspräsident Köln
17. April 1972

STADT WIPPERFÜRTH

In Blau mit einem silbernen Torturm mit
ansteigenden silbernen Zinnenmauern schwebend
eine dreitürmige silberne Kirche; darüber
ein silberner Schild, darin ein blau gekrönter,
— gezungter und — bewehrter zwiegeschwänzter
roter Löwe, überdeckt mit einem vierlätzigen
schwarzen Turnierkragen.

Die Stadt Wipperfürth wurde durch die kommunale
Neugliederung vom 1. Januar 1975 mit den Gemeinden
Klüppelberg und Wipperfeld zusammengeschlossen.
Das Wappen geht auf das große mittelalterliche
Stadtsiegel (Abdruck 1267) zurück und zeigt
Stadtmauern und Stadtkirche in Verbindung
mit dem Wappenschild des bergischen Landesherren.

Regierungspräsident Köln
9. Dezember 1975

GEMEINDE ENGELSKIRCHEN

Geteilt: oben in Silber ein wachsender, blau gekrönter, — gezungter und — bewehrter zwiegeschwänzter roter Löwe; unten von Silber und Rot in drei Reihen zu sechs Plätzen geschacht.

Die kommunale Neugliederung von 1974 führte zum Zusammenschluß von Engelskirchen und Ründeroth. Unter Verzicht auf lokale Sinnbilder wurden die geminderten Wappenbilder der jeweiligen historischen Landesherren, der bergische Löwe und das märkische Schach, aus den alten Gemeindewappen zusammengefügt, um das Zusammenwachsen zweier Gemeinden mit verschiedener historischer Tradition zu veranschaulichen.

Ulf-Dietrich Korn
Regierungspräsident Köln
24. März 1976

GEMEINDE LINDLAR

Geteilt von Silber und Schwarz; oben ein wachsender blau gezungter und — bewehrter roter Löwe, unten eine goldene Waage.

Die Gemeinde Hohkeppel wurde in die Gemeinde Lindlar eingegliedert (5. November 1974). Das beibehaltene Lindlarer Wappen geht auf ein altes Schöffensiegel des Landgerichts Keppel zu Lindlar zurück. Es verbindet das geminderte Wappen des ehemaligen Landesherrn, der Herzöge von Berg, mit dem Gerichtssymbole der Gerechtigkeit.

Wolfgang Pagenstecher
Oberpräsident Koblenz
6. August 1935

GEMEINDE MARIENHEIDE

Geteilt von Rot und Silber; oben zwei gekreuzte silberne Rodehaken mit goldenen Stielen, über denen eine silberne Rose mit goldenem Butzen und grünen Kelchblättern schwebt, unten ein schreitender, blau gezungter und — bewehrter, zwiegeschwänzter roter Löwe.

Das Gemeindegebiet wurde durch Eingliederung von Fluren und Gemarkungen nach dem Köln-Gesetz erheblich erweitert. Das Wappen greift mit dem Rodehaken auf das Siegel der katholischen Gemeinde zurück; die Rose erinnert an die Grafen von Möllembiek, deren rote Rose in das Siegel der evangelischen Gemeinde gekommen war. Der geminderte bergische Löwe weist auf die alte Landeszugehörigkeit.

Preußisches Ministerium des Innern
26. Oktober 1934

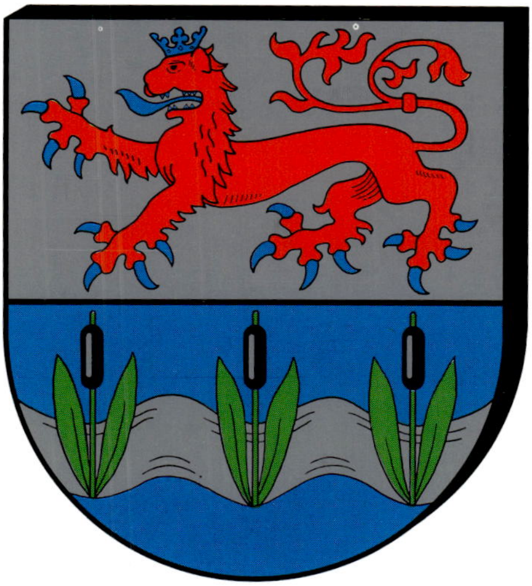

GEMEINDE MORSBACH

Geteilt von Silber und Blau; oben ein schreitender blau gekrönter, — gezungter und — bewehrter zwiegeschwänzter roter Löwe; unten ein silberner Wellenbalken überdeckt von drei naturfarbenen Moorkolben mit grünen Blättern.

Bei der Wappeneinführung lagen historische Anknüpfungspunkte nicht vor, so daß das Zeichen des bergischen Landes, der rote Löwe, mit einem redenden Symbol, Moor und Bach, verbunden wurde.

B. Templin
Oberpräsident Koblenz
14. August 1937

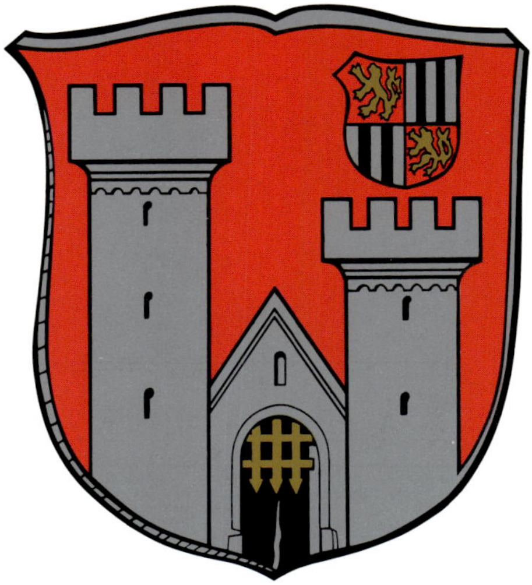

GEMEINDE NÜMBRECHT

In Rot eine silberne Torburg mit einem hohen Zinnenturm rechts und einem niederen Zinnenturm links; das Torhaus mit schwarzem geschlossenem Tor und offenem goldenem Fallgatter; über dem linken Turm ein schwebender quadrierter Schild: 1/4 in Rot ein goldener Löwe, 2/3 in Silber zwei schwarze Pfähle.

Durch Neugliederung (2. Juni 1969) wurde die beiden Gemeinden Marienberghausen und Nümbrecht, zunächst mit dem Namen Homburg, vereint. Der Rat beschloß nach der Umbenennung die Weiterführung des Nümbrechter Wappens. Dieses zeigt das Homburger Schloß, das zur alten Herrschaft der Grafen Sayn-Wittgenstein gehörte, deren (gemindertes) Wappen aus historischen und gegenwärtigen Gründen in das Gemeindewappen aufgenommen wurde.

Wolfgang Pagenstecher
Oberpräsident Koblenz
4. Januar 1936
erneuert 1969

GEMEINDE REICHSHOF

Geteilt von Schwarz und Silber; oben ein wachsender rot bewehrter goldener Adler, unten ein schreitender silbern bewehrter roter Löwe.

Durch die kommunale Neugliederung (Gesetz vom 2. Juni 1969) wurden die Gemeinden Denklingen und Eckenhagen zu der neuen Gemeinde Reichshof vereint. Beide führten vorher Wappen, und beide liegen im Gebiete des mittelalterlichen Reichshofes Eckenhagen (1167), der 1257 an die bergischen Grafen kam. Der für Eckenhagen belegte bergische Löwe (Siegel 1557) wurde gemindert in den unteren Schildteil übernommen, während der verwechselte Farben zeigende Reichsadler für den Namen der Gemeinde spricht.

Walther Bergmann
Regierungspäsident Köln
11. September 1972

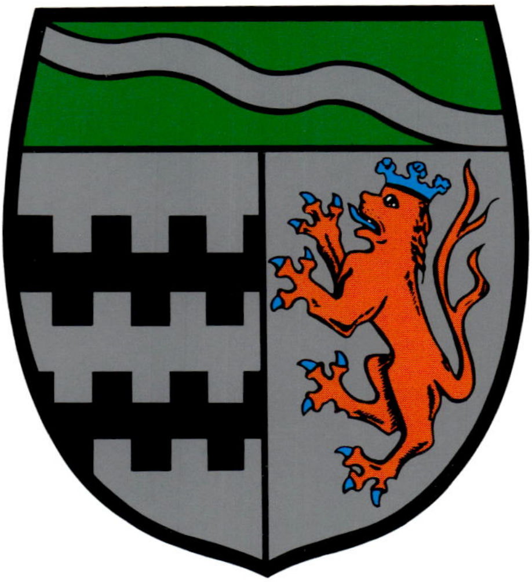

RHEINISCH-BERGISCHER KREIS

Unter grünem Schildhaupt, darin ein schrägrechter
silberner Wellenbalken, in Silber gespalten
vorne zwei schwarze Wechselzinnenbalken,
hinten ein blau gekrönter, — gezungter und
— bewehrter zwiegeschwänzter roter Löwe.

Der Kreis ist zum 1. 1. 1975 unter Einschluß
von Gebietsteilen des alten Rhein-Wupper-Kreises
neu geordnet worden. Bergisch Gladbach
blieb Kreisstadt. Das alte, aus dem Jahre
1938 stammende Kreiswappen wurde beibehalten.
Es erinnert mit dem Silberband an die Lage
des Kreises am Rhein und an die alte Rheinprovinz;
Zinnenbalken und Löwe sind älteres und
jüngeres Wappenbild der Grafen (Herzöge)
von Berg.

Wolfgang Pagenstecher
Regierungspräsident Köln
8. September 1976

STADT BERGISCH GLADBACH

In Grün über einem silbernen Wechselzinnenbalken ein wachsender rot gezungter und rot bewehrter goldener Löwe, darunter ein herschauender goldener Hirschkopf.

Die kommunale Neugliederung vom 5. November 1974 vereinte die Städte Bensberg und Bergisch Gladbach — seit 1856 Stadt —, die beide historisch begründete Wappen führten, deren Wesensmerkmale in das neue Wappen eingehen sollten. So übernahm man von der namensgebenden Stadt den geminderten und anders tingierten bergischen Löwen; die Figur Bensbergs, der auf die Waldgerechtsame hinweisende Hirschkopf, fand im unteren Schildteil Platz, während das älteste Zeichen der bergischen Grafen, der Wechselzinnenbalken, neu aufgenommen wurde und auf beide Städte bezogen werden kann.

Regierungspräsident Köln
6. April 1977

STADT BURSCHEID

In Silber drei (2:1) gestellte grüne Blätter.

Burscheid wurden 1856 Stadtrechte verliehen. Bei der Wappeneinführung 1913 wurde zunächst das Wappen der adligen Familie von Bourscheidt übernommen, die drei rote Blätter führte; dieser Entwurf wurde auf Empfehlung des Preußischen Innenministers abgeändert, so daß ein im Grunde genommen beziehungsloses Zeichen zum Stadtwappen wurde.

Preußische Staatsregierung
21. August 1920

STADT LEICHLINGEN

Wellenförmig geteilt von Silber und Blau; oben ein wachsender blau gekrönter, blau gezungter und blau bewehrter, zwiegeschwänzter roter Löwe, unten ein silberner Fisch mit roten Flossen.

Nach Leichlingen wurden die Gemeinde Witzhelden und andere Flurstücke eingegliedert (5. November 1974). Vorbild für das Stadtwappen war ein Siegel aus dem Jahre 1636, das landesherrliches Zeichen mit Ortssymbol verband. Der bergische Löwe ist gemindert; der Fisch erinnert an die Lage der Stadt und den Fischreichtum der Wupper; er wird außerdem mit der entsprechenden Figur im Schild der Herren von Vorst bei Leichlingen in Verbindung gebracht.

Ministerium des Innern
Berlin 9. Januar 1914

STADT WERMELSKIRCHEN

In Silber eine eingebogene rote Spitze, darin auf grünem Boden eine silberne Kirche, vorne ein bewurzelter grüner Eichbaum, hinten ein rot bewehrter schwarzer Schwan.

Die Stadt wurde durch das Köln-Gesetz (5. November 1974) mit den Gemeinden Dabringhausen und Dhünn zusammengeschlossen. Die 1873 Stadt gewordene Gemeinde zeigt mit Rot und Silber bergische Farben, mit Silber und Schwarz preußische, mit Silber und Grün rheinische (Rheinprovinz); die Bilder reden und stehen für die drei Honschaften Eich, Schwanen und das Kirchdorf, die den Anfang der Stadtentwicklung bilden.

Allerhöchste Ordre
Berlin 3. März 1897

GEMEINDE KÜRTEN

Geteilt von Silber und Rot; oben ein wachsender, blau gekrönter, blau gezungter und blau bewehrter, zwiegeschwänzter roter Löwe, unter ein silberner Fischreiher mit einem silbernen Fisch im Schnabel.

Die heutige Gemeinde Kürten entstand durch Gesetz (5. November 1974) aus Bechen, Kürten, Olpe und dem Ortsteil Dürscheid. Die Gemeinde nahm ein Wappen an, das auf ein Gerichtssiegel des Jahres 1598 zurückgeht und dessen Bilder (bergischer Löwe und Fischreiher) auf die Landesherren und den Naturcharakter des Orts hinweisen.

Wolfgang Pagenstecher
Preußisches Staatsministerium
1927, neu 1981

GEMEINDE ODENTHAL

Geteilt von Silber und Grün; oben ein wachsender, blau gekrönter, blau gezungter und blau bewehrter, zwiegeschwänzter roter Löwe, unten ein goldenes Hirschgeweih mit silbernem Grind.

Bei der Einführung von Wappen und Siegel knüpfte die Gemeinde an ein Odenthaler Schöffengerichtssiegel von 1556 an, das heraldisiert wurde. Bild und Tingierung des bergischen Löwen, der auf das alte Herzogtum hinweist, sind historisch, während der untere Wappeninhalt neu gestaltet wurde; vielleicht wollten die Schöffen mit dem Hirschgeweih auf den Wildreichtum ihres Amtsbereichs hinweisen.

Wolfgang Pagenstecher
Preußisches Staatsministerium
30. Januar 1935

GEMEINDE OVERATH

Geteilt von Silber und Blau; oben ein schreitender,
blau gekrönter, blau gezungter und blau
bewehrter, zwiegeschwänzter roter Löwe,
unten eine goldene Glocke.

Das Wappen kann nicht auf historische Vorbilder
oder Siegel zurückgreifen, ist aber den frühneuzeitlichen
Schöffensiegeln dieses Typs nachempfunden.
Der Löwe erinnert an die frühere Bergische
Landesherrschaft, die Glocke an die vom
14. bis zum 16. Jahrhundert betriebene Glockengießerei
auf der Grundlage der Erzgewinnung.

Wolfgang Pagenstecher
Oberpräsident Koblenz
5. März 1938

GEMEINDE RÖSRATH

Geteilt von Silber und Grün; oben ein wachsender, blau gekrönter, blau gezungter und blau bewehrter, zwiegeschwänzter roter Löwe, unten ein silbernes Jagdhorn mit goldenen Beschlägen und goldenem Riemen.

Das Wappen greift das Gerichtssiegel von Volberg auf (1556). Deutet der Löwe auf die ehemalige Landeszugehörigkeit, das Herzogtum Berg, hin, so ist das Jagdhorn Ortszeichen des am Rande des Königsforsts gelegenen Ortes.

Wolfgang Pagenstecher
Oberpräsident Koblenz
6. August 1935

RHEIN-SIEG-KREIS

In Silber ein blau gekrönter, blau gezungter und blau bewehrter, zwiegeschwänzter roter Löwe, in der rechten Pranke ein goldenes Flammenschwert haltend, in der linken einen silbernen Schild mit einem durchgehenden schwarzen Kreuz.

Nach der kommunalen Neuordnung im Jahre 1969 erhielt der Siegkreis den Namen Rhein-Sieg-Kreis und wurde um Teile des aufgelösten Landkreises Bonn vergrößert. Der Rhein-Sieg-Kreis führt weiterhin das dem Siegkreis genehmigte Wappen. Es erinnert an die alte Landesherrschaft der Herzöge von Berg durch deren Wappentier und Farben; auf kurkölnische Anteile des Kreisgebietes deutet das Kreuz; die bedeutende Benediktinerabtei auf dem Siegburger Michaelsberg ist bildhaft durch das Flammenschwert des Erzengels Michael dargestellt.

Joseph Decku
Innenminister Nordrhein-Westfalen
26. Mai 1955

STADT BORNHEIM

In Gold ein silbern gegitterter roter Balken, der an der vorderen Flankenstelle ein gestürztes schwarzes Flammenschwert überdeckt.

Die Gemeinden Bornheim, Hersel und Sechtem bilden seit dem 10. Juni 1969 die neue Stadt Bornheim, deren Wappen übernommen wurde. Der Gitterbalken ist das Wappen der Familie von Bornheim und begegnet im Schöffensiegel von Brenich (1319); das Flammenschwert ist Attribut des hl. Michael, des Pfarrpatrons von Waldorf, der im Schöffensiegel von 1380 steht.

Joseph Decku
Regierungspräsident Köln
6. Mai 1971

STADT HENNEF

In Rot drei silberne Zinnentürme, der mittlere breite mit drei Türmchen bekrönt, wachsend aus einem roten, mit silbernen Kreuzen bestreuten Dreiberg, in dem ein silberner Schild mit einem blau gezungten und blau bewehrten roten Löwen steht, der in der rechten Pranke eine blaue Traube hält, das ganze aus einer silbernen Zinnenmauer im Schildfuß emporwachsend.

Die kommunale Neugliederung schloß nach dem Gesetz vom 10. Juni 1969 mit Wirkung zum 1. 1. 1970 die Gemeinden Hennef, Lauthausen und Uckerath zusammen. Das 1934 geschaffene Wappen der namengebenden Gemeinde wurde übernommen. Es knüpft an das der bereits 1934 eingemeindeten Gemeinde Blankenberg an, die 1245 Stadtrechte erhalten hatte und dies im Siegelbild ausdrückte. Die beigesetzte Figur ist das Wappen der Grafen und Herzöge von Berg als Landesherren. Es begegnet mit der Traube im älteren Geistinger Schöffensiegel (1584).

Regierungspräsident Köln
19. November 1970

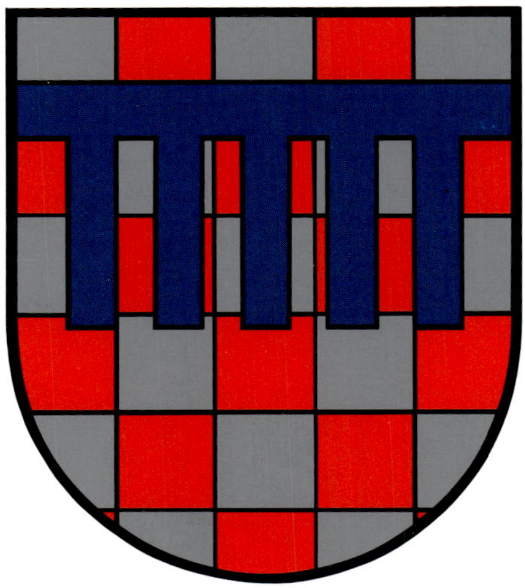

STADT BAD HONNEF

Von Silber und Rot in sechs Reihen zu fünf Plätzen geschacht, belegt mit einem durchgehenden fünflätzigen blauen Turnierkragen.

Durch die kommunale Neugliederung wurden mit Gesetz vom 10. Juni 1969 Bad Honnef und Aegidienberg vereint. Das alte Honnefer Wappen wurde übernommen; es ist dasjenige der Grafen von Sponheim-Blankenburg, in deren Herrschaft Löwenburg Honnef der Hauptort war. Der geschachte Schild kommt bereits im Schöffensiegel (1374) vor.

Regierungspräsident Köln
24. Januar 1973

STADT KÖNIGSWINTER

In Rot eine silberne Torburg mit zwei Zinnentürmen und goldenem Fallgatter im offenen Tor, darüber schwebend ein gespaltener silberner Schild, darin vorne ein linksgewendeter, blau gekrönter, blau gezungter und blau bewehrter, zwiegeschwänzter roter Löwe, hinten ein durchgehendes schwarzes Kreuz.

Die Stadt Königswinter wurde am 1. August 1969 mit den Gemeinden Ittenbach, Heisterbacherrott, Niederdollendorf, Oberdollendorf, Oberpleis und Stieldorf vereint. Das neue Wappen knüpft an das alte Königswinterer Wappen, das seinerseits auf ein mittelalterliches Schöffensiegel zurückgeht, an; es zeigt die Torburg als Symbol für eine ummauerte Siedlung und im Schilde darüber als Zeichen der alten Landeszugehörigkeit der Gemeinden den bergischen Löwen, der aus Courtoisie dem kurkölnischen Kreuz zugewendet ist.

Ulf-Dietrich Korn
Regierungspräsident Köln
6. Juli 1972

STADT MECKENHEIM

In Silber ein durchgehendes schwarzes Kreuz, überdeckt von einem blauen Reichsapfel mit goldenem Kreuz.

Die Stadt Meckenheim wurde im Jahre 1969 (10. Juni) mit den Gemeinden Altendorf, Ersdorf, Lüftelberg und Merl zusammengeschlossen. Das ehemalige Meckenheimer Wappen wurde übernommen. Das Kreuz weist auf den alten Landesherrn, den Erzbischof von Köln, der Meckenheim 1636 zur Stadt erhob; die Deutung des Reichsapfels ist nicht eindeutig; er erinnert an die Fürstin Richeza, die den Ort als Erbin des lothringischen Pfalzgrafen dem Erzbischof Anno von Köln übergab oder auch an das Erbtruchsessenamt der Wittelsbacher.

Konrad Schaefer
Regierungspräsident Köln
20. April 1972

STADT NIEDERKASSEL

In Rot über einem grünen Wellenschildfuß eine silberne Burg mit zwei Zinnentürmen, zwischen denen schwebend ein silberner Schild, darin ein roter Wechselzinnenbalken.

Das 1936 verliehene Amtswappen wurde von der Gemeinde 1969 unverändert übernommen, als folgende Gemeinden zusammengeschlossen wurden: Lülsdorf, Mondorf, Niederkassel, Stockem, Rheidt und Uckendorf. 1981 wurden Niederkassel die Stadtrechte verliehen. Die Burg stellt die wieder aufgebaute Burg Lülsdorf dar, die ursprünglich den Jülicher Dynasten gehörte; die mittelalterlichen Burgvögte, die Herren von Lülsdorf, führten den roten Wechselzinnenbalken in Gold. Der gewellte Schildfuß versinnbildlicht die Lage der Stadt am Rhein.

Oberpräsident Koblenz
28. April 1936
erneuert 1970

STADT RHEINBACH

Geteilt und unten gespalten; oben in Silber ein durchgehendes schwarzes Kreuz, unten vorne in Silber ein blauer Schlüssel, hinten in Rot ein blau gezungter und blau bewehrter halber silberner Adler am Spalt.

Die Stadt Rheinbach und die Gemeinden Flerzheim, Hilberath, Neukirchen, Niederdrees, Oberdrees, Queckenberg, Ramershoven, Todenfeld und Wormersdorf wurden durch Gesetz vom 10. Juni 1969 zusammengeschlossen. Das alte Rheinbacher Wappen von 1915 wurde beibehalten. Es zeigt als Zeichen der alten Landeszugehörigkeit das kurkölnische Kreuz. Der Schlüssel ist Attribut des hl. Petrus, des Patrons der Erzdiözese, und der geminderte Adler ist das Wappenbild der das Schultheißenamt innehabenden Grafen von Are-Hochstaden. Schon das zweite Schöffensiegel von 1344 zeigt diese Bilder.

Inge Geßner
Regierungspräsident Köln
14. August 1970

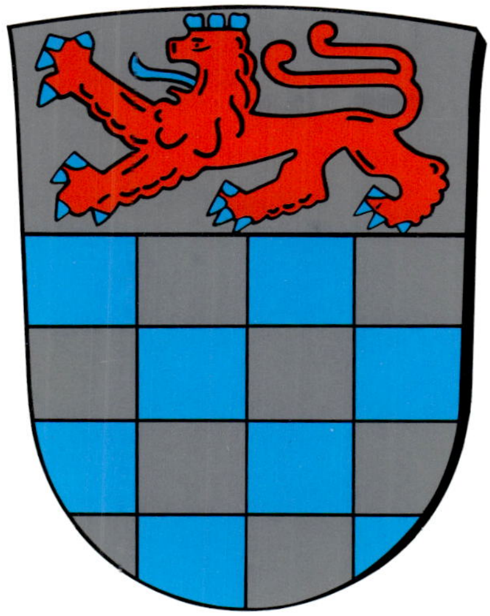

STADT SANKT AUGUSTIN

Unter silbernem Schildhaupt, darin ein schreitender, blau gekrönter, blau gezungter und blau bewehrter zwiegeschwänzter roter Löwe; von Blau und Silber sechszehnmal geschacht.

Durch kommunale Neugliederung (Gesetz vom 10. Juni 1969) wurden folgende Gemeinden zur heutigen Stadt Sankt Augustin zusammengeschlossen: Buisdorf, Hangelar, Meindorf, Menden, Niederpleis, Siegburg-Mülldorf sowie die Ortschaft Birlinghoven aus der Gemeinde Stieldorf. Am 21. Oktober 1977 wurden der Gemeinde die Stadtrechte verliehen. Seit 1979 führt die Stadt das Wappen wieder in der Form, wie es 1936 vom Oberpräsidenten der Rheinprovinz dem Amt Menden verliehen worden war. Es zeigt den bergischen Löwen als Hinweis auf den alten Landesherrn; das Schach entstammt dem Wappen der Ortsherren von Menden.

Regierungspräsident Köln
15. Februar 1979

STADT SIEGBURG

In Blau der silbern geflügelte und gekleidete, golden nimbierte Erzengel Michael mit rotem Mantel, in der Rechten ein goldenes Zepter und in der Linken einen blauen Reichsapfel mit goldenem Kreuz, wachsend aus einem silbernen Dreiberg, darin ein schreitender blau gezungter und blau bewehrter roter Löwe.

Die frühen Siegburger Siegel zeigen die bewehrte Stadtansicht. Im Gerichtssiegel des 16. Jahrhunderts erscheint der Engel der Abtei auf dem Michaelsberg; dieses Bild ist Vorläufer des heutigen, im Jahre 1947 neu gefaßten Wappens, das auf Ursprung der Stadt bei der Abtei (Erzengel), Lage am Michaelsberg (Dreiberg) und politische Zugehörigkeit zum Herzogtum Berg (Löwe) hinweist.

1947

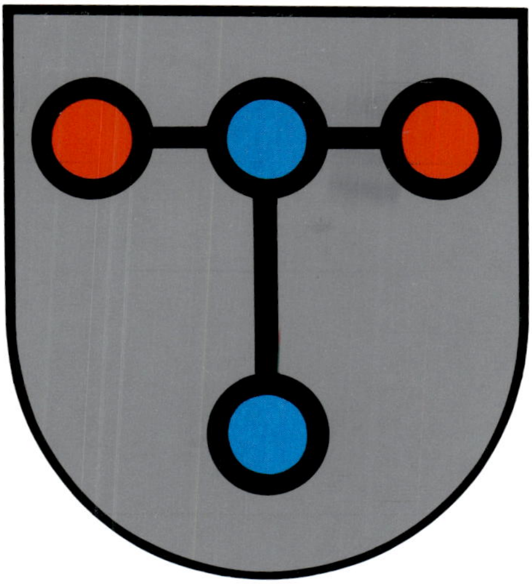

STADT TROISDORF

In Silber ein schwebendes schwarzes Taukreuz; an den Enden des Querbalkens je eine rote Kugel, des Stammes je eine blaue Kugel.

Die Stadt Troisdorf wurde 1969 mit den Gemeinden Sieglar und Altenrath und dem Ortsteil Friedrich-Wilhelmshütte zusammengelegt. Es wurde die Einführung eines neuen Wappens beschlossen, das als erstes wirklich modernes Gemeindewappen im Rheinland anzusprechen ist. Es deutet auf den Stadtnamen, erinnert an die vier Gemeinden und evoziert das Bild einer chemischen Formel, womit ein Hinweis auf die ortsansässige chemische Industrie gegeben wird.

Walther Bergmann
Regierungspräsident Köln
9. November 1971

GEMEINDE ALFTER

Unter goldenem Schildhaupt, darin fünf
rote Rauten, fünfmal von Rot und Gold geteilt
und überdeckt von einem gold gekrönten
zwiegeschwänzten silbernen Löwen.

Durch Neugliederungsgesetz vom 10. Juni 1969
wurden folgende Gemeinden zusammengeschlossen:
Alfter, Gielsdorf, Impekoven, Oedekoven
und Witterschlick. Das Wappen knüpft an
das bisher gültige der namengebenden Gemeinde
durch die Übernahme des Wappens der früher
ortsansässigen Herren von Alfter an; hinzugefügt
wurden die Rauten der eingemeindeten Gemeinde
Witterschlick; die Fünfzahl weist auf die
fünf Ortsteile hin.

Lothar Müller-Westphal
Regierungspräsident Köln
16. April 1974

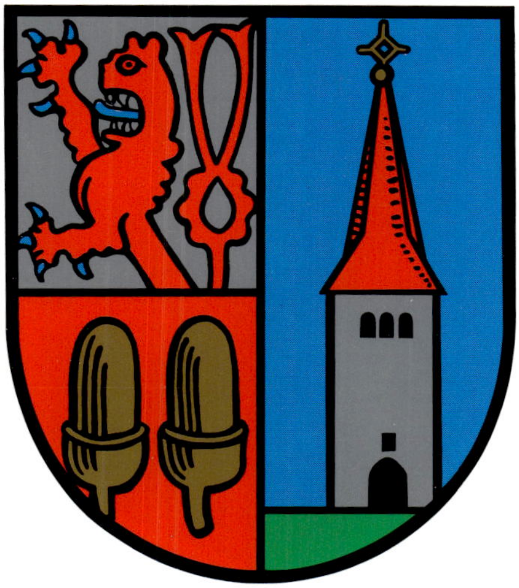

GEMEINDE EITORF

Gespalten und vorne geteilt von Silber und
Rot, oben ein wachsender, blau gezungter
und blau bewehrter, zwiegeschwänzter roter
Löwe, unten zwei goldene Eicheln; hinten
in Blau auf grünem Boden ein silberner Kirchturm
mit rotem Dach und goldener Wetterfahne.

Das Gericht Eitorf führte 1580 ein Siegel,
das den bergischen Löwen mit drei Eicheln
zeigte, die vielleicht auf den Namen (Eitorf = Eichdorf)
hinweisen sollten. Die Gegend ist reich an
Eichen. Der Turm der hochmittelalterlichen
Pfarrkirche war bis zu seiner Zerstörung
im Weltkrieg Wahrzeichen des Ortes.

G. A. Cloß
Preußisches Staatsministerium
17. September 1934

GEMEINDE LOHMAR

Geteilt von Silber und Grün; oben ein wachsender, blau gekrönter, blau gezungter und blau bewehrter, zwiegeschwänzter roter Löwe; unten eine gewellte silberne Deichsel.

Durch Gebietsreform vom 10. Juni 1969 wurden folgende Gemeinden zum 1. 8. 1969 zusammengeschlossen: amtsfreie Gemeinde Wahlscheid, amtsangehörige Gemeinden Breidt, Halberg, Inger, Lohmar und Scheiderhöhe; die neue Gemeinde erhielt den Namen Lohmar und übernahm das Wappen des früheren Amtes Lohmar. Es erinnert mit dem Löwen im oberen Schildteil an die alte Landesherrschaft der bergischen Herzöge. Die Deichsel versinnbildlicht den Zusammenfluß von Agger und Sülz bei Lohmar.

Preußisches Staatsministerium
15. Februar 1935, erneuert
Regierungspräsident Köln
9. März 1972

GEMEINDE MUCH

Geteilt von Silber und Gold; oben ein schreitender, blau gezungter und blau bewehrter roter Löwe, unten auf einem grünen Berg ein rot bewehrter schwarzer Hahn, beseitet von je einem blauen Fisch.

Das Wappen beruht auf einem Schöffensiegel des Jahres 1627, das in der Gemeinde gefunden wurde. Deutet der Löwe auf die alte Landesherrschaft der Herzöge von Berg, ist der untere Bildteil auf den Ort zu beziehen. Neben dem Fischreichtum (Forellen) soll mit dem Hahn die Wachsamkeit der Schöffen symbolisiert werden.

Wolfgang Pagenstecher
Oberpräsident der Rheinprovinz
4. Januar 1936

GEMEINDE NEUNKIRCHEN-SEELSCHEID

Geteilt von Silber und Blau; oben ein wachsender, blau gekrönter, blau gezungter und blau bewehrter, zwiegeschwänzter roter Löwe, unten drei steigende goldene Fische.

Die Gemeinde führt ihren Doppelnamen seit der Vereinigung beider Einzelgemeinden (1. Januar 1970). Als Hoheitszeichen wurde das Wappen des ehemaligen Amtes Neunkirchen übernommen, das wiederum auf einem Schöffensiegel von Neunkirchen aus dem Jahre 1556 beruht. Der bergische Löwe weist auf die territoriale Zugehörigkeit zum ehemaligen Herzogtum, während die Fische auf den Fischreichtum in den zahlreichen örtlichen Gewässern hinweisen.

H. P. Schall
Regierungspräsident Köln
26. November 1970

GEMEINDE RUPPICHTEROTH

Unter rotem Wellenschildhaupt, darin die silbernen Worte „mons praeclare“, in Silber ein roter (abnehmender) Halbmond, belegt mit einem roten Johanniterkeuz; im Schildfuß eine gesprengte Kette.

Die Gemeinden Ruppichteroth und Winterscheid wurden durch die kommunale Neugliederung (Gesetz vom 10. Juni 1969) zusammengelegt. Erste Bemühungen um die Annahme eines Wappens, die vom Staatsarchiv kritisch begleitet wurden, wurden im Weltkrieg (1938) zurückgestellt. Das 1949 dem Amte Ruppichteroth verliehene Wappen wurde übernommen. Seine Erklärung ist nicht leicht und beruht auf einer örtlichen Legende über den Ritter Dietrich von Bruell, der mit Kaiser Friedrich I. am Kreuzzuge teilgenommen haben soll: Kreuz auf dem islamischen Halbmond; seine Errettung nach Kerkerhaft (gesprengte Kette) und Rückkehr ins Reich waren wunderbar, so daß er beim Anblick der Heimat ausrief „O, du schöner Berg“ (mons praeclare), woher der Name des Ortes Schönenberg rührt.

Regierungspräsident Köln
2. November 1970

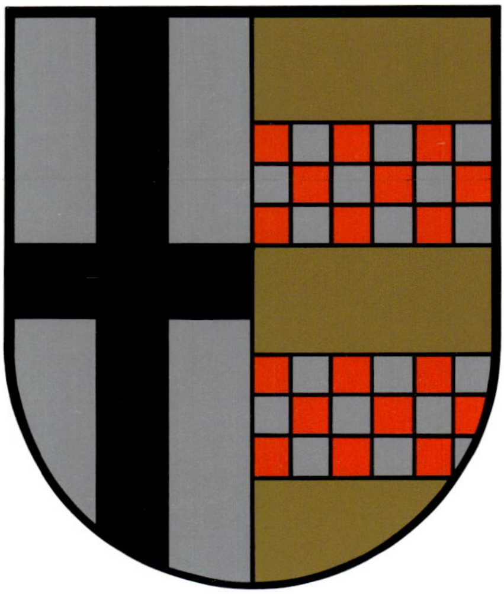

GEMEINDE SWISTTAL

Gespalten von Silber und Gold; vorne ein durchgehendes schwarzes Kreuz, hinten zwei in drei Reihen von Rot und Silber geschachte Balken.

Die neue Gemeinde Swisttal besteht seit 1969 aus den Gemeinden Buschhoven, Essig, Heimerzheim mit Ortschaft Dünstekoven, Ludendorf, Miel, Morenhoven, Odendorf und Ollheim sowie Strassfeld. Der Rat nahm das Wappen des früheren Amtes Ludendorf an. Es weist mit dem kurkölnischen Kreuz auf die Zugehörigkeit von sechs Ortsteilen zur ehemaligen Landesherrschaft des Kufürstentums Köln hin; auf dem zweiten Platz steht das geänderte Wappen der Herren von Tomburg, die die Herrschaft über vier andere, heutige Swisttaler Ortsteile ausübten.

Joseph Decku
Regierungspräsident Köln
24. Sept. 1970

GEMEINDE WACHTBERG

In Blau ein flammenspeiender geflügelter
silberner Drache.

Durch das Neugliederungsgesetz vom
10. Juni 1969 wurden die Gemeinden Berkum,
Gimmersdorf, Holzem, Ließem, Niederbachem,
Oberbachem, Pech, Villip, Werthhoven, Züllighoven
und Adendorf, Arzdorf und Fritzdorf zusammengelegt.
An die Tradition des Drachenfelser Ländchens
anschließend wurde das Wappen der gleichnamigen
Herren in den Farben der Familie von der Leyen
angenommen.

Konrad Schaefer
Regierungspräsident Köln
13. April 1971

GEMEINDE WINDECK

Geteilt von Silber und Blau; oben ein schreitender, blau gekrönter, blau gezungter und blau bewehrter roter Löwe, unten ein wachsender geharnischter silberner Mann, in der Rechten eine silberne, goldschäftige Streitaxt schwingend.

Nach der kommunalen Neugliederung 1969 wurden die Gemeinden Dattenfeld, Herchen und Rosbach zu der neuen Gemeinde Windeck vereint. Das Wappen des erloschenen Amtes Dattenfeld wurde übernommen. Es beruht auf dem Schöffensiegel von Windeck des Jahres 1557 und zeigt in leicht abgeänderter Form das Wappentier des bergischen Landesherren und als Ortskennzeichen einen wehrhaften und streitbaren Mann.

Regierungspräsident Köln
4. Mai 1972

Alphabetisches Kreis- und Ortsverzeichnis

(Bezeichnung „Bad" entfällt hier, die Nummern weisen auf die Seitenzahlen)

Verzeichnis der untergegangenen Gebietskörperschaften

Die Nummern weisen auf die gültige Zugehörigkeit, Sternchen zeigen die ehemals wappenführenden an, soweit dies ermittelt werden konnte; weiterbestehende namengebende sind hier nicht aufgeführt; also Wickrath*48, Rheydt*48 heißt: Beide Orte gehören heute zu Mönchengladbach (48) und haben bis zur kommunalen Neugliederung ein eigenes Wappen geführt.

Bibliographie

Gedruckte und ungedruckte Quellen:

Geheimes Staatsarchiv Preußischer Kulturbesitz Berlin:

Akten des Heroldsamtes, Rep. 178 B
Behördliche Korrespondenz 1925—1945
(Dienstregistratur Wappensachen)

Nordrhein-Westfälisches Hauptstaatsarchiv Düsseldorf:

Regierung Aachen Nr. 16055
Regierung Düsseldorf Nrn. 31861, 51138, 31267, 51136, 31268, 9475, 51134, 51135, 9683, 9671, 9474
Dienstregistratur Wappensachen
Akten der Landesarchivverwaltung NW 4
Akten des Innenministers NW 107
Beysselsches Wappenbuch des 16. Jahrhunderts Hs MIX 1
Sammlung von Bonin (Siegel und Wappen von Städten des Regierungsbezirks Düsseldorf), Hs MIX 3
Gesetz- und Verordnungsblatt für das Land Nordrhein-Westfalen
Amtsblatt der Regierung Aachen
Amtsblatt der Regierung Köln
Amtsblatt der Regierung Düsseldorf

Landschaftsverband Rheinland, Archivberatungsstelle Köln:

Satzung des Landschaftsverbands Rheinland vom 3. Nov. 1954

Literatur und Untersuchungen:

Adam-Even, Paul, L'armorial universel du héraut Gelre (1370—1395), Archives Héraldiques Suisses 1971

(Belgique) Les archives communales au lendemain des fusions de communes, Separatum von Crédit communal de Belgique Nr. 129, 1979, 165—216

Blöß, W., Wappenverleihung für Städte und Landgemeinden in neuerer Zeit, in Archivmitteilungen 11 (1961), 85—91

Boutell's Heraldry, revised by J. P. Brook-Little, London-New York (1978)

Braibant, Charles (hrsg.), L'art et la vie au moyen-âge à travers les blasons et les sceaux, Exposition Internationale, Paris 1950

Brandts, Rudolf, Das Wappen der Stadt Wesel, in Wesel, hrsg. von K. H. Reuber, Berlin 1972

Braun, Joseph, Tracht und Attribute der Heiligen in der deutschen Kunst, Stuttgart 1943

Breidenbach, Rudolf, Neuschöfung oder geschichtliche Form, Diskussion um die Wappen rheinischer Städte und Kreise, in Neues Rheinland 2 1971

Briem, Werner, Der Kreis Düren, seine Gemeinden und ihre Wappen, in Jahrbuch des Kreises Düren, 1978, 28—32

Büttkens, Christian, Trophées du duché de Brabant, La Haye 1724
Decku, Joseph, Deutsche Länder- und Städtewappen, Bonn 1955
Demandt, Karl E. und Renkhoff, Otto, Fragen des kommunalen Wappenwesens, in Der Archivar 9 (1956), 297—302
Die Denkmäler des Rheinlandes, Im Auftrage des Landschaftsverbandes Rheinland, Köln
Dennys, Rodney O., The heraldic imagination, London 1975
Diederich, Toni, Zum Alter der Stadtrechte von Radevormwald. Ein zeitlicher Ansatz nach den Stadtsiegeln und zwei abschriftlich überlieferten Urkunden von 1316 und 1327, in Rheinische Vierteljahrsblätter 38 (1974), 248—272
Diederich, Toni, Das Wappen der Stadt Bonn in Vergangenheit und Gegenwart (mit 17 Abb.), in Bonner Geschichtsblätter 25 (1973), 7—39.
Diederich, Toni, Zum Quellenwert und Bedeutungsgehalt mittelalterlicher Städtesiegel, in Festschrift W. Heinemeyer (hrsg. v. H. Bannasch und H. P. Lachmann), Marburg 1979
Diederich, Toni, Die alten Siegel der Stadt Köln, Köln (1980)
Diederich, Toni, Siegelforschung im Dienste der Stadtgeschichte — Überlegungen zum Alter des ersten Stadtsiegels und zur Stadtwerdung von Büderich bei Wesel, in Archiv und Geschichte (Festschrift für Rudolf Brandts), Köln-Bonn 1978, 23—42
Domsta, Hans J., Siegel und Wappen der Stadt Düren und ihrer Stadtteile. Beiträge zur Geschichte des Dürener Lands, Band 18, Düren 1985
Druif, C., Nederlandse Gemeentewapens, Leeuwarden 1965
Empfehlungen zur Edition frühneuzeitlicher Texte, in Jahrbuch der historischen Forschung 1980, 85—96
Ennen, Edith, Die künftige Gestaltung des Wappens der Stadt Bonn (Gutachten), Bonn 1971
Ewald, Wilhelm, Rheinische Siegel III, Bonn 1931 (=Publ. d. Ges. f. Rh. Geschichtskunde)
Ewald, Wilhelm, Rheinische Heraldik, in Rh. Verein f. Denkmalspflege und Heimatschutz 27, 1934.
Fahne, Anton, Geschichte der kölnischen, jülichschen und bergischen Geschlechter in Stammtafeln, Wappen, Siegeln und Urkunden, Neudruck Osnabrück 1965
Felten, Wilhelm, Zur Geschichte der Verehrung der vier hl. Marschälle, in Annalen des hist. Vereins f. d. Niederrhein 104 (1920), 121—149
Föhl, Walther, Amern — seine älteste Geschichte und sein Wappen, in Heimatbuch des Kreises Kempen-Krefeld 1980
Först, Walter (Hrsg.), Das Rheinland in preußischer Zeit, (Köln 1965)
Forstner, Dorothea OSB, Die Welt der christlichen Symbole, Innsbruck-Wien-München (1973³)
Galbreath, Donald und Jéquier, Léon, Lehrbuch der Heraldik, München 1978
Gelre, Codex, s. Adam-Even
Glossarium Artis, Deutsch-französisches Wörterbuch zur Kunst, Tübingen-Strasbourg (1972)
Graminaeus, Dietrich, Spiegel der Vergänglichkeit, (Köln) 1592
Graminaeus, Dietrich, Fürstliche Hochzeit, (Köln 1587)
Gritzner, Maximilian, Landes- und Wappenkunde der Brandenburgisch-Preußischen Monarchie, Berlin 1894

Gritzner, Maximilian, Handbuch der heraldischen Terminologie, Nürnberg 1890
Gorissen, Friedrich, Der Karfunkelschild — Die Geschichte des Kreiswappens, in 150 Jahre Landkreis Kleve, Kleve (1966), 19—83
Haak, S. P., Het oudste geldersche wapen, in Gelre 19 (1916), 5—27
Habben, Hermann, Wappen, Siegel und Flaggen im Kreis Moers, Rheinberg 1962
Henkel, Arthur und Schöne, Albrecht, Emblemata, Handbuch zur Sinnbildkunst des 16. und 17. Jahrhunderts, Stuttgart 1967
Henning, Eckart und Jochums, Gabriele, Bibliographie zur Heraldik, Schrifttum Deutschlands und Österreichs bis 1980. Köln — Wien 1984
Hermanns, Leo, Notizen zum Eupener Stadtwappen, in Geschichtliches Eupen 11 (1977), 132—140
Herman, Leonhard, Die Heraldik der Wirtschaft. Geschichte, Gestaltung und Wirkung moderner Warenzeichen. Düsseldorf-Wien 1971
Höfler, Otto, Zur Herkunft der Heraldik, in Festschrift für Hans Sedlmayr (München 1962), 134—200
Hövelmann, Gregor, Die Gemeindewappen des Kreises Geldern, in Geldrischer Heimatkalender 1975, 39—41
Hövelmann, Gregor, Qui opido de Wachtendonk originem dedit — Über die Stadtwerdung von Wachtendonk, in: Veröffentlichungen des Historischen Vereins für Geldern 78, 7—31, Geldern 1978
Horstmann, Heinrich, Der Ursprung der Bistumswappen von Köln, Trier und Utrecht, in Vierteljahresblätter der Trierer Gesellschaft für nützliche Forschung 1958
Horstmann, Heinrich, Siegel und Wappen der Stadt Siegburg, in Heimatbuch der Stadt Siegburg 1964
Hupp, Otto, Beiträge zur Geschichte der Heraldik, Neudruck Neustadt a. d. Aisch 1972
Hussmann, Heinrich, Über deutsche Wappenkunst, Aufzeichnungen aus meinen Vorlesungen, Wiesbaden 1972

Jacobi, Klaus, Vom Wappen zum Signet, in Neues Rheinland 1/1981, 10—13
Janssen, Wilhelm, Grefrath — Geschichte einer geldrischen Gemeinde, Kempen 1968 (= Schriftenreihe des Kreises Kempen-Krefeld 19)

Kastner, Dieter, Stadterhebung, Stadtwerdung und das Privileg für Xanten vom 15. Juli 1228, in Studien zur Geschichte der Stadt Xanten 1228—1978, Festschrift zum 750jährigen Stadtjubiläum, Köln 1978, 9—46
Kastner, Dieter und Köhnen, Gerhard, Orsoy — Geschichte einer kleinen Stadt, Duisburg 1981
Kittel, Erich, Wappenverleihung in Brandenburg-Preußen bis zur Gründung des Heroldsamtes 1855, in Festschrift d. Vereins f. Gesch. d. Mark Brandenburg z. Feier d. hundertj. Bestehens 1827—1937, Berlin 1937, 190—235
Kittel, Erich, Siegel — Bibliothek für Kunst- und Antiquitätenfreunde Bd. XI, Braunschweig 1970
Köllen, Siegel und Wappen, Burgen und Schlösser im Landkreis Köln, Festschrift z. 150jährigen Bestehen am 16. 4. 1966, hrsg. v. Joh. Köllen u. a., Köln (1966)
Korn, Johannes Enno, Adler und Doppeladler. Ein Zeichen im Wandel der Geschichte, phil. Diss. Göttingen 1969
Korn, Otto, Siegel und Wappen der Stadt Düsseldorf, in Düsseldorfer Jahrbuch 47 (1955), 10—25

Koszyk, Kurt und Pruys, Karl H., (Hrsg.) dtv Wörterbuch zur Publizistik, München 1969

Lange, Joseph, Das Wappen der Stadt Neuss, Neuss 1979[2]

Leonhard, Walter, Das große Buch der Wappenkunst, München 1976

Loutsch, Jean, Armorial du Pays de Luxembourg, Luxembourg 1974

Müller, Rolf, Upladin — Opladen Stadtchronik, Opladen (1974)

Nagel, Rolf, Kritisch-historische Bemerkungen zu Wappen und Siegel der Stadt Mönchengladbach, in Festschrift Rudolf Brandts, s. o., Köln 1978, 15—22

Nagel, Rolf, Wappen, Siegel und Flagge des Kreises Wesel, Wesel 1979

Nagel, Rolf, Der Teufel im Weezer Wappen, in Geldrischer Heimatkalender 1981, 16—17

Nagel, Rolf, Die kommunalen Wappen im Kreis Neuss, in Almanach für den Kreis Neuss 1981, 5—12

Nagel, Rolf, Das Nordrhein-Westfälische Landeswappen: Rhein, Ross und Rose, in Düsseldorfer Jahrbuch 57/58 (1980), 498—510

Nagel, Rolf, Sankt Quirin und die Neusser Stadtfahne, in Neusser Jahrbuch 1981, 33—35

Nagel, Rolf, Vom Privatwappen zum kommunalen Hoheitszeichen — 700 Jahre Neersener Wappen, in Heimatbuch des Kreises Viersen 1982, 87—90

Nagel, Rolf, „Neue Siegel mit den alten Wappen" — Heraldisches aus dem Aachener Raum, in Zeitschrift des Aachener Geschichtsvereins 90/91 (1983/84), 238—246.

Nagel, Rolf, Heraldische Sonderformen. Oberwappen, Kleines Wappen und Allianzwappen, in Beiträge zur Geschichte von Stadt und Stift Essen 99 (1984), 239—243

Nagel, Rolf, Der Kreis Viersen und sein Wappen, in Entscheiden und Gestalten. Ein Vierteljahrhundert Kreisgeschichte. Festschrift für Oberkreisdirektor a. D. Rudolf H. Müller, Schriftenreihe des Kreises Viersen, Band 34, Viersen 1984, 26—27

Neubecker, Ottfried, Deutsche Städtewappen aus Ost und West, Memmingen (1955)

Neubecker, Ottfried, Wappen — Ihr Ursprung, Sinn und Wert, Frankfurt 1977

Neubecker, Ottfried und Rentzmann, Wilhelm, Wappen-Bilder-Lexikon, München (1974)

Oberbergische Wappenkunde, in Kreisblatt hrsg. v. d. Kreisverwaltung Gummersbach 1976

Oediger, Friedrich Wilhelm, Vom Leben am Niederrhein — Aufsätze aus dem Bereich des alten Erzbistums Köln, Düsseldorf (1973)

Oswald, Gert, Lexikon der Heraldik, Mannheim-Wien-Zürich (1984)

Pama, Cornelis, Heraldiek en Genealogie, Een encyclopedisch Vademecum, Utrecht-Antwerpen (1969)

Pagenstecher, Wolfgang, Siegelstempel der Städte und Gemeinden am Niederrhein, in Heimatkalender Kreis Rees 1952, 93—94

Pastoureau, Michel, Traité d'héraldique, préface de Jean Hubert, Bibliothèque de la sauvegarde de l'art français, (Paris) 1979

Pleiner, Edwin Arnold, Die Wappen im Kreise Viersen, in Heimatbuch des Kreises Viersen 1976, (zwischen SS 16/17)

Pleiner, Edwin Arnold, Die Wappen im Landkreis Kempen-Krefeld, in Heimatbuch des Kreises Kempen-Krefeld 1969, 61—65
Raadt, J.-Th., Sceaux armoriés des Pays-Bas et pays avoisinants, Bruxelles 1898—1903
Rabbow, Arnold, Visuelle Symbole als Erscheinung der nicht-verbalen Publizistik, Münster 1968
Rabbow, Arnold, dtv-Lexikon politischer Symbole, München 1970
Wappen im Rheinisch-Bergischen Kreis, hrsg. vom Oberkreisdirektor 1980
Rheinischer Städteatlas, verschiedene Lieferungen, hrsg. (heute) vom Landschaftsverband Rheinland, Amt für rheinische Landeskunde, Köln 1972 ff.
Richtering, Helmut, 130 Jahre Kommunalheraldik in Westfalen und ihr Niederschlag in der Praxis des Staatsarchivs Münster, in Der Archivar 26 (1973), 405—416
Rotthauve gen. Löns, H., Wappen des Landkreises Rees und seiner Gemeinden, in Heimatkalender Kreis Rees 1952, 94—99
Rutt, Theodor, Overath — Geschichte der Gemeinde, Köln 1980

Scheffler, Helmut, Wappen in der Literatur des Unteren Niederrheins (aus der geplanten Bibliographie des Unteren Niederrheins), in Der Niederrhein 47 (1980), H. 2, 71—72
Scheibelreiter, Georg, Tiernamen und Wappenwesen, Wien-Graz-Köln 1976
Schlüssel und Schild. Kommunales Wappenwesen in Westfalen. (Ausstellungskatalog) Münster 1978
Schmeer, Karlheinz, Die Regie des öffentlichen Lebens im Dritten Reich, München (1956)
Schöne, Albrecht, Emblematik und Drama im Zeitalter des Barock, München 1968
von Schröder, Johann Karl, Kommunales Wappenwesen in Preußen 1855—1925. Zugleich ein Überblick über einen weniger bekannten Aufgabenbereich des kgl. preußischen Heroldsamtes, in Festschrift z. hundertjährigen Bestehen des Herold zu Berlin 1869—1969, Berlin 1969, 167—179
Schulte, H., Linnich, Geschichte einer niederrheinischen Stadt, Linnich 1967
Servais, Max, Armorial des provinces et des communes de Belgique, Bruxelles 1955 u. Suppl. 1969
Seyler, Gustav Adalbert, Geschichte der Heraldik = Siebmachers Großes Wappenbuch, Bd. 1, Neudruck: Neustadt a. d. Aisch 1970
Siebmacher, Johann, Wappenbuch, Fac-simile-Nachdruck der Ausgabe Nürnberg 1701, München (1975)
Sinnersdorf — Die Geschichte unseres Ortes. Festschrift 750 Jahre Sinnersdorf. 1981
Smith, Whitney, Die Zeichen der Menschen und Völker. Unsere Welt in Fahnen und Flaggen, Luzern (1973)
Spener, Philipp Jakob, Insignium theoria, Frankfurt 1690
Staatshandbuch: Die Bundesrepublik Deutschland, Landesausgabe Land Nordrhein-Westfalen, Ausgabe 1981, Köln-Berlin-Bonn-München 1981
Stadler, Klemens, Deutsche Wappen, Die Gemeindewappen des Bundeslandes Nordrhein-Westfalen, Bremen 1972
Steuer, Heiko, Das Wappen der Stadt Köln, Köln (1981)
de Tervarent, Guy, Attributs et symbols dans l'art profane 1450—1600, Dictionnaire d'un langage perdu, Genève 1958

Torsy, Jakob, Der hl. Marschall Quirinus, Beiträge zu seiner Verehrug, in Annalen des hist. Vereins f. d. Niederrhein 153/4 (1953), 7—48

Veddeler, Peter, Die lippische Rose, Entstehung und Entwicklung des lippischen Wappens bis zur Gegenwart, Detmold 1978

Viel, R., Les origines symboliques du blason, Paris 1972

Viaene-Awouters, Lieve, Samenvoegingen van gemeenten en gemeentewapens, in Gemeentekrediet van Belgie 122 (1977), 289—301

Vollmer, Bernhard, Die neuere Entwicklung der Gemeindewappen des Niederrheins, in Düsseldorfer Jahrbuch 44 (1947), 210—238

Die Wappen im Kreis Wesel, Heimatkalender Kreis Wesel 1980, nach S. 206

Die Wappen im Rheinisch-Bergischen Kreis, (hrsg.) Oberkreisdirektor, Bergisch-Gladbach (1981)

Wappen und Flaggen der Bundesrepublik Deutschland und der Bundesländer, Hrsg. vom Bundesminister des Inneren, Bonn-Köln-Berlin 1981[3]

Wappen und Flaggen des Deutschen Reiches und der deutschen Länder, Hrsg. vom Reichsministerium des Inneren, Berlin 1928

Wappen und Siegel der Stadt Emmerich, in Kalender für das Klever Land 1980

Zimmermann, Walther, Siegel und Wappen der Stadt Euskirchen, in 650 Jahre Stadt Euskirchen, hrsg. v. Josef Franke, 1952

Anhang: Wappengutachten des Staatsarchivs Düsseldorf und des preußischen Innenministers

Die Aussage des königlichen Staatsarchivs aus dem Jahre 1912 über ein mangelndes ausgebildetes Wappenrecht (Nr. 10) gilt auch heute noch. In der Heraldik kommt deshalb sehr viel auf die Tradition und die weitergegebene praktische Handhabung an. Auch bereits vor der offiziellen Bestellung der Staatsarchive zu heraldischen Gutachtern (1926) wurde diese Praxis in Preußen geübt, da die Staatsarchive der Ort waren, an dem die urkundlichen Quellen fast ausschließlich versammelt waren. Die nachfolgenden 16 Gutachten aus dem Staatsarchiv Düsseldorf aus den Jahren 1880 bis 1937 beziehen sich mehrheitlich auf inzwischen untergegangene politische Gemeinden, folglich auch auf historische Wappen, und geben einen guten Einblick in die heraldische Praxis. Die Staatsarchive des Landes Nordrhein-Westfalen haben ihre heraldische Gutachtertätigkeit aus der preußischen Zeit übernommen.

Die Gutachten sind in der Regel an den zuständigen Regierungspräsidenten gerichtet, drei unmittelbar an die jeweiligen Bürgermeister (Nrn. 1, 4, 7); die Nummern 12, 14 und 16 sind gutachterliche Erlasse des preußischen Innenministers. Die Quellenangabe steht am Ende der Texte.

1 Düsseldorf, den 18. September 1880

Auf das gefällige Schreiben vom 13. d. Mts., welches vom Königlichen Staatsarchiv zu Coblenz als in den Archivsprengel des Niederrheins einschlagend hierher abgegeben worden, beehre ich mich ergebenst zu erwidern, daß das von Ihnen bezeichnete und im Abdrucke mitgetheilte Siegel der Stadt *Burtscheid* in den diesseitigen Archivtheilen, wie insbesondere durch sorgfältige Prüfung der hierselbst berufenden Urkunden und Literalien der vormaligen Reichsabtei Burtscheid hat constatirt werden können, sich nirgends vorfindet. Es liegt hier wenigstens auch keine Nachricht darüber vor, daß Burtscheid, welches bekanntlich in früheren Jahrhunderten nur als Dorf und Flecken (so noch 1790 in Büschings Erdbeschreibung) entgegentritt, vor der Periode der Fremdherrschaft, in der es Hauptort des gleichnamigen Kantons wurde, ein besonderes Gemeindesiegel geführt habe. Und selbst die Schöffen des Gerichtes, des Dorfes und der Herrlichkeit Burtscheid haben, wie es scheint, bis Ende des 18. Jahrhundert ein gemeinsamens Siegel nicht besessen, da sämmtliche hier vorhandene Schöffenurkunden von den einzelnen Schöffen in größerer oder geringerer Zahl (meist von 3,5,7 bis 9 Schöffen) besiegelt sind und des gemeinsamen Siegels, welches wie in manchen anderen Fällen die Grundlage des späteren Ortssiegels hätte werden können, dabei niemals Erwähnung geschieht. Ebensowenig haben andererseits die Siegel des Convents, welche die h. Jungfrau mit dem Jesuskinde und der Krone auf dem Haupte auf der Stiftskirche thronend darstellen, sowie die an den Original-Pergament-Urkunden befindlichen Siegel der Aebtissinnen Anhaltspunkte dargeboten. Letztere zeigen bis in's 15.

Jahrhundert die Aebtissinnen in ganzer Figur, später treten dann an deren Stelle die „abteilichen" oder „abbatialen" Siegel mit dem Wappenschilde der zeitigen Inhaberinnen der abteilichen Würde. Mit den Insignien der geistlichen und weltlichen Herrschaft, Abtsstab und Schwert, ausgestattet, ersetzen dieselben seitdem zugleich das Territorialwappen der Reichsabtei.

Behält man dieses im Auge, so gewinnt für die vorliegende Frage eine Papier-Urkunde vom 18. Juli 1755, betreffend Verwilligung eines Straßenstreifens zu Zwecken eines Hausbaues, entscheidendes Gewicht, indem das der genannten Urkunde aufgedrückte Lacksiegel, als das „abbatiale Insiegel" der Ausstellerin, Aebtissin Maria Antonette von Woestenraedt, ausdrücklich bezeichnet, das wesentlich gleiche Wappen, wie das von Ihnen vorgelegte, enthält nämlich den (heraldisch) rechts schreitenden Schwan auf einem Hirschgeweihe und oberhalb das mit Löwen als Schildhalter, den erwähnten Insignien und der Krone versehenen Wappens die Devise „suaviter et candide". Dieses aber (und zwar einen silbernen Schwan über goldenem Geweihe auf rothem Grunde) führten die Freiherren und Grafen von Woestenraedt, ein Brabantisch-Limburgisches Geschlecht im Schilde. Es kommt hinzu, daß auf den hier vorfindlichen Lacksiegel-Abdruck die Beschreibung genau paßt, welche bezüglich des Burtscheider Stadtsiegels in der Abtheilung Städtewappen der neuen Ausgabe von Siebmachers allgemeinem Wappenbuche sich findet, wo die betreffenden Worte also lauten: „Ein Siegelstempel mit einem besonderen Wappen wird von der Stadt nicht geführt; als solches gilt die abgebildete Darstellung. Der Schild wird von zwei Löwen gehalten und ist mit einer fünfzackigen Krone bedeckt. Hinter demselben ragt Schwert und Bischofsstab, wahrscheinlich zur Erinnerung an die frühere geistliche Herrschaft, hervor. Eine Erklärung des im Siegelfelde stehenden Schwans ist nicht gegeben".

Unter diesen Umständen ist es mehr als wahrscheinlich, daß das jetzt von der Stadt Burtscheid geführte Siegel ursprünglich und eigentlich das der um die Mitte des 18. Jahrhunderts regierenden Äbtissin von Woestenraedt gewesen ist, zumal auch die neuerdings unterhalb des Wappens angebrachte Devise für ein Ortssiegel ungewöhnlich erscheint. Es möchte sich nur noch fragen, ob die dort an öffentlichen Bauten u.s.w. erkennbaren Wappen jener Aebtissin nicht auch auf eine zu deren Zeit erfolgte bauliche Anlage, beziehentlich Restauration zurückzuführen sind.

(Reg. Aachen 16055)

2 Düsseldorf, den 20. Juni 1889

Euer Hochwohlgeboren beehre ich mich auf das sehr gefällige Schreiben vom 14. d. Mts. unter Rückreichung der Anlagen desselben ergebenst zu erwidern, daß aus Urkunden und Acten des hiesigen Staatsarchives nicht hervorgeht, ob und welche Wappen früher von der bisherigen Gemeinde *Sonnborn* geführt worden sei. Insbesondere findet auch das von dem jetzigen Bürgermeisteramte zu Vohwinkel vorgelegte Wappensiegel, welches eine über der Landschaft aufgehende Sonne darstellt und sich dadurch als ein sogenanntes redendes Wappen charakterisirt, in diesseitigen Materialien keinen Anhalt. Aller Wahrscheinlichkeit nach ist dasselbe erst nach 1875 entstanden und angewendet worden, da einerseits während des altbergischen Regimes ein eigenes Siegel oder Wappen des Kirchspiels Sonnborn nicht in Gebrauch war, anderntheils in der Periode Großherzogthums Berg (1806 bis 1813) ganz Sonnborn zum Kanton, beziehentlich zur Munizipalität Elberfeld gehörte.

Im Mittelalter und bis in die neueren Zeiten erscheint überhaupt Besitz wie Führung von communalen Wappen- oder Figurensiegeln in der Regel auf die Städte oder mit städtischen Rechten ausgestatteten Gemeinden (Freiheiten, Burg- oder Marktflecken) beschränkt, wogegen Siegel von Kirchspielen und Dörfern des platten Landes höchst selten und nur hinsichtlich solcher Ortschaften nachweisbar sind, die zugleich Burgsitze und Mittelpunkt von Herrlichkeiten und Gerichtsbezirken darstellten.

Dem allgemeinen Herkommen entsprechend bedienten sich in den Niederrheinischen Landen die allermeisten ländlichen Gemeinden bei Beurkundung ihrer Rechtsgeschäfte, zu Vergleichen, Verschreibungen, Veräußerungen u.s.w. entweder der Unterschriften ihrer erwählten Vertreter, oder aber der Siegel der zuständigen Schöffengerichte, beziehungsweise einzelner Schöffen derselben, wenn solche Gerichte kein gemeinsames Siegel besaßen.

Nun bildete die alte, zum Bergischen Amte Solingen zählende Honnschaft und Gemeinde Sonnborn zwar ein eigenes Kirchspiel mit einer dem heiligen Remigius geweihten Pfarrkirche, war aber weder Burgsitz oder Hauptort einer Herrschaft noch auch Stätte eines mit den Kirchspielsgrenzen sich deckenden Gerichtes. Erst aus den Kirchspielen Düssel, Gruiten, Schöller und Sonnborn setzte sich das Gericht zu den vier Capellen zusammen, welches nach Landrecht zu Gräfrath gehegt wurde und ohne Zweifel eines der ältesten Gerichte des Bergischen Gebietes gewesen ist. Dieses Gericht führte ein Siegel, welches eine Bischofsfigur mit Stab und Mitra zeigt, die mit der Rechten den quadrierten Schild des Jülich-Bergischen Herzogswappens aus der Zeit zwischen 1423 und 1521 (mit den abwechselnden Löwen von Jülich und Berg in den vier Feldern und den Ravensbergischen Sparren im aufgelegten Herzschilde) hält. Die Bischofsfigur begreift sich hierbei daraus, daß drei von den vier uralten Capellen und nachherigen Pfarrkirchen Bischöfe zu himmlischen Patronen hatten, nämlich Düssel den h. Maximin, Gruiten den h. Nicolaus, Sonnborn wie schon erwähnt, den h. Remigius; Patron zu Schöller war der h. Veit. In seiner ganzen Composition ist das Siegel des Gerichtes der vier Capellen übrigens durchaus demjenigen ähnlich, das (mit der Figur des h. Bischofs Lambertus) ehemals von der Freiheit Mettmann gebraucht wurde.

Dem hier Angedeuteten gemäß waren es die Schöffen des Vier-Capellen-Gerichtes, die für die Eingesessenen zu Sonnborn wie für derjenigen der drei anderen Kirchspiele bei Beurkundung von Rechtsgeschäften einzutreten hatten. Das wird durch noch vorliegende Urkunden erwiesen und giebt der Gemeinde Sonnborn jedenfalls ein partielles historisches Anrecht auf das alte Schöffensiegel. Es kommt hinzu, daß in der altgermanischmythologischen Beziehung des Ortsnamens, dem Alter der ursprünglichen Pfarrkirche (— da die dem heil. Remigius geweihten Kirchen wie z. B. auch die Kirche zu Remscheid (Remigesceit, Remissgeid,) zu den ältesten des Landes zu rechnen sind —) und der Zugehörigkeit zum Vier-Capellen-Gerichte Momente einer gewissen historischen Bedeutsamkeit des alten Sonnborn sich vereinigen, hinsichtlich deren ich zugleich auf den angebogenen Auszug einer dem damaligen Bürgermeister von Sonnborn unter dem 17. März 1886 von hier aus ertheilten Auskunft ergebenst Bezug zu nehmen mir gestatte.

Was die bisherige Gemeinde Vohwinkel anbelangt, so ist für diese, die auf der Grundlage des vom Kloster Gräfrath 1356 erworbenen Hofes Vohwinkel im Kirchspiel Sonnborn und vereingabter kleiner Güter bekanntlich erst seit Errichtung der Eisenbahnstation dortselbst im Laufe der letzten vierzig Jahre sich entwickelt hat, selbstverständlich ein historisches Siegel nicht nachzuweisen. Sollte dem Wunsche der jetzigen Bürgermeisterei Vohwinkel Folge gegeben werden, so würde mir ein quadriertes Wappen am angemessensten erscheinen, welches zweimal den Preußischen Adler und zweimal den Bergischen Löwen enthielte, sei es mit oder ohne Bischofsfigur.

(Reg. Düsseldorf 9683)

3 Düsseldorf, den 25. Januar 1895

Euer Hochwohlgeboren beehre ich mich auf das sehr gefällige Schreiben vom 21. d. Mts unter Rückreichung der Anlagen desselben in Nachstehendem ganz ergebenst zu erwidern.

Der von dem Bürgermeisteramte zu *Cronenberg* vorgelegte Entwurf eines Stadtwappens hat der früheren Territorialzugehörigkeit des Ortes entsprechend dem Bergischen Löwen eine Hauptstelle auf demselben gegeben und ihn correct in Roth auf silbernem Felde, blaubewehrt, blaugezungt und blaugekrönt dargestellt. Zur Bezeichnung der altbewährten Fabrication von Sensen und Sicheln in Cronenberg ist dem Löwen durchaus angemessen eine schwarze Sense in den Pranken gegeben; auf den Ort selbst und dessen bergige Lage soll der grüne Berg oder Hügel hindeuten, auf dem der Löwe steht.

In Betreff der Form dieses Berges ist zunächst zu bemerken, daß dieselbe nicht stilgerecht ist, sondern heraldisch richtiger nach oben in drei Bogenlinien, einer breiteren in der Mitte und zwei schmäleren zu den Seiten, zu verlaufen hätte.

Es fragt sich nun aber ferner, ob bei der Häufigkeit der mit „berg" auslaufenden Ortsnamen die vorgeschlagene Anspielung auf die Lage der Stadt zu deren Charakterisierung hinreicht. Wie in der diesseitigen Auskunft in Betreff der Schreibung des Namens Cronenberg vom 5. März 1879 in Anlehnung an ein Gutachten des verstorbenen Professors Dr. Crecelius zu Elberfeld dargelegt worden, ist Cronenberg, dessen älteste urkundliche Formen Cronberga, Croynberge, Cromberg sind, keineswegs nach der heutigen, erst im 16ten Jahrhunderte üblich gewordenen Wortform als mons coronatus zu erklären, vielmehr liegt dem Anlaute des Wortes unzweifelhaft Krô (= Krâ) als mittelniederdeutsche und noch am Orte übliche Form für das althochdeutsche Krâja oder Krâwa, d. i. Krähe, zu Grunde, so daß also Cronenberg auf die Krähen zurückweist, welche sich auf den Hügeln daselbst zu versammeln pflegten. Vielleicht dürfte es sich deshalb empfehlen, das Wappen mittels einer sogenannten Spitze oder Schleife, ähnlich wie hinsichtlich des Stadtwappens für Ohligs vorgeschlagen war, derart dreiteilig zu gestalten, daß in der Mitte zwei schwarze Sensen (oder je eine schwarze Sense und Sichel) übereinandergekreuzt auf goldenem Grunde, heraldisch rechts der rothe Bergische Löwe in silbernem Felde, ebenso links aber drei schwarze Krähen auf dreibogigem grünen Hügel, gleichfalls in silbernem Felde gruppiert werden.

Wenn indessen diese Dreitheilung zu complicirt erscheint, möchte es auch genügen, unter Beibehaltung des außerdem nur noch in Bezug auf die Gestalt des grünen Hügels zu verbessernden Entwurfs des Schildes auf das Thor der Mauerkrone nach alter Weise einen kleinen Schild aufzulegen, welcher eine schwarze Krähe auf silbernem Grunde zu zeigen hätte. Die dreithürmige Mauerkrone ist übrigens, wie zuletzt in meiner Erörterung in Betreff des Wappens für Ohligs erwähnt worden, nach Vorschrift des Königlichen Heroldsamtes nicht in Roth, sondern sandsteinfarben zugleich aber auch die Mauer nach entsprechender Abänderung der Schildform in der ganzen Breite des horizontalen Schildrandes darzustellen.

(Reg. Düsseldorf 9671)

4 Düsseldorf, den 15. Juli 1895

Euer Wohlgeboren beehre ich mich auf die gefällige Anfrage vom 12. d. Mts. Folgendes ergebenst zu erwidern.

Über die Entstehung und Führung des *Weseler* Stadtwappens enthält das hier deponierte Stadtarchiv keinerlei Specialacten; es muß deshalb zur Aufklärung dieser Fragen auf die verschiedenen Formen der Stadtsiegel eingegangen werden, in denen das Wappen Aufnahme gefunden hat, oder die überhaupt erst zur Bildung eines besonderen Stadtwappens die Veranlassung gegeben haben. Das älteste große Stadtsiegel enthält ein aus drei Theilen bestehendes Bild, nämlich 1. oben eine Darstellung der Stadtbefestigung, Thurm und Zinnenmauer, 2. eine Darstellung der Belehnung des Grafen Dietrich von Cleve mit Wesel durch den römischen König Heinrich (als Vertreter seines Vaters des Kaisers Friedrich II) im Jahre 1241 unter zwei auf Säulen gestellten Rundbogen mit den Aufschriften: „Romanorum rex" und „comes Clivensis" und 3. unten unter einem Bogen mit der Aufschrift: „Hustela" (= Wiesel), ein springendes Wiesel. Ausserdem bediente man sich als Rücksiegel zu dem eben beschriebenen großen Stadtsiegel eines kleinen Siegels, welches ein schreitendes Thier, offenbar ebenfalls ein Wiesel, darstellt und über und unter dem Thiere die Aufschrift enthält: „Pax Wesela". Das Wiesel ist also, mag nun die sprachliche Ableitung des Stadtnamens von diesem Thiere richtig oder falsch sein, als erstes Wappen der Stadt zu betrachten, wenn man überhaupt schon damals von einem solchen sprechen kann.

Das grosse Siegel ist noch zweimal erneuert worden. Der aus der ersten Hälfte des 14. Jahrhunderts stammende neuere Stempel hat sich das alte Siegel im allgemeinen zum Vorbild genommen, nur erscheint zwischen der Figur des belehnenden Königs und des vor ihm knieenden Grafen ein Adler, der auf dem ältesten Siegel nicht vorhanden ist, und bei der zweiten Erneuerung in der ersten Hälfte des 15. Jahrhunderts, der ebenfalls das alte Siegelbild als Grundlage dient, erscheint dieser Adler in einem Schilde. Das zuletzt erwähnte Siegel ist noch bis zum Anfang des 18. Jahrhunderts im Gebrauch gewesen.

Neben dem großen Stadtsiegel kam gegen Ende des 15. Jahrhunderts ein städtisches Sekretsiegel in Gebrauch, welches einen Reichsadler im Schilde führt und die Umschrift hat: „S(igillum) libertatis Wesellensis". Als eine Nachahmung dieses Siegels ist das etwa vom zweiten Viertel des 18. Jahrhunderts bis zum Ende des Jahres 1767 nachweisbare Stadtsiegel zu betrachten, welches ebenfalls einen Schild mit dem Reichsadler und die Umschrift: „Sigil: civita: Vesali: oecon: polit" enthält. Die Aufnahme des Reichsadlers in das große Siegel und seine Verwendung als Siegelbild in den kleineren Siegeln hängt zweifellos mit dem seit Beginn des 14. Jahrhunderts bemerkbaren und durch mehr als zwei Jahrhunderte verfochtenen Anspruche der Stadt auf Reichsfreiheit zusammen. Man wird deshalb als Wappen Wesels vom 14. Jahrhundert an bis zum Jahre 1767 den Reichsadler bezeichnen müssen.

Seit dieser Zeit führt die Stadt das Siegel und Wappen, welches jetzt noch im Gebrauche ist, nämlich in einem vertical schraffierten Schild einen Herzschild und drei in's Dreieck gestellte Wiesel, zwei oben und eins unten. Auf dem Hauptschilde sitzt der preussische Adler. Siebmacher, der den Hauptschild beschreibt, gibt als dessen Tingirung Roth, als die der Wiesel Silber und als die des Herzschildes Gold an. Auf welche Quelle sich diese Angabe stützt, ist ungewiss. Ob die Stadt aus einer besonderen Veranlassung die Änderung ihres Wappens und Siegels vorgenommen hat, ob etwa die Anwesenheit Friedrichs des Grossen und die durch ihn in jener Zeit bewirkte Schleifung der Festungswerke damit zusammenhängt, läßt sich bei dem Mangel bestimmter Nachrichten nicht feststellen. Auch die Stadtratsprotokolle der in Betracht kommenden Jahre 1767 und 1768 fehlen und nur die Kämmereirechnung von 1767/68 weist S. 96 den Posten auf: „dem Marme für Verfertigung eines grossen und klein: Siegels für die Stadt Wesel 1. 9. zahlt 17 Rthlr." Welche heraldische Absicht der Form des neuen Wappens zu Grunde liegt, lässt sich ebenfalls nicht mit Sicherheit bestimmen, wohl aber mit einiger Wahrscheinlichkeit vermuthen. Jedenfalls hat man die Zugehörigkeit zu dem Herzogthum Cleve dadurch ausdrücken wollen, dass man in Anlehnung an das clevische Wappen einen rothen Schild mit einem Herzschild zu Grunde legte, während man die strahlenförmig über den letzteren gelegten Scepter fortliess und statt deren das alte Wahrzeichen der Stadt, das Wiesel, in der oben angegebenen Weise in den Schild aufnahm. Ist diese Annahme richtig, so müßte allerdings der Herzschild wie in dem clevischen Wappen von Silber, nicht von Gold sein.

Der Gebrauch des im Jahre 1767/68 eingeführten neuen Siegels wurde nur durch die Fremdherrschaft auf einige Zeit unterbrochen. Es wurde damals ein neues Siegel eingeführt, das zwar den Schild mit dem Herzschild und den drei Wieseln beibehielt, in dem aber der preussische Adler in Wegfall kam.

Von der Zusendung des betreffenden Bandes des Siebmacherschen Wappenbuches glaube ich absehen zu sollen, da dasselbe überhaupt keine authentische Angaben enthält und die in der Abbildung angewandte Tingirung vorstehend mitgeteilt ist.

(Reg. Düsseldorf 31268)

5 Düsseldorf, den 29. August 1899

Der wieder beigefügte Entwurf eines Wappens der Stadt *Hilden* zeigt in halbirtem Schilde oben das alte Wappenzeichen des Bergischen Landes, einen nach oben und unten mit Zinnen versehenen Querbalken, wie er auf Siegeln Bergischer Grafen von 1210 und 1244 noch zu erkennen ist. Dieser doppelgezinnte Balken bedeutete ursprünglich nicht sowohl das Stammwappen der Dynastie, als ein Burg- und

Landschaftswappen und ist auch, nachdem durch die Grafen aus dem Hause Limburg der Löwe an Stelle der alten fünfblättrigen Rose dynastisches Wappen geworden war, gewissermaßen als Landeswappen im Gebrauche geblieben. Hierfür zeugt u. A. das in dem Berichte des Bürgermeisters von Hilden bezogene Wappen von Bergneustadt.

Wegen der langen Zugehörigkeit Hildens zum Bergischen Lande wird sonach gegen die Anwendung dieses alten Landeszeichens nichts zu erinnern und nur hinzuzufügen sein, daß für den Querbalken die rothe der schwarzen Farbe vorzuziehen sein möchte, weil Roth und Weiß (Silber) seit alter Zeit die Bergischen Farben darstellen.

Starke Bedenken ergeben sich dagegen gegen die in heraldischer Beziehung sehr anfechtbare Ausgestaltung der untern Schildhälfte. Daß die drei sogenannten Blüthen als Versinnbildlichungen von Handel, Gewerbe und Industrie gedacht sind, wird Niemand ohne besondere Belehrung erkennen können; zudem ist die Farbenzusammenstellung (rothe Blüthen auf grünem Grunde, dazwischen der silberne Fluß) ungewöhnlich und incorrect. Zur Andeutung der gegenwärtigen Entwicklung des Ortes nach den verschiedenen Seiten der Erwerbstätigkeit dürften weit eher etwa Rad, Hammer und Sichel sich eignen.

Der sehr complicirten modernen Gestaltung der unteren Schildhälfte ist in historischer Rücksicht und wegen der größeren Einfachheit gewiß die Anbringung des Kurcölnischen Kreuzes (Schwarz in Silber) in derselben vorzuziehen, da auf diese Weise daran erinnert wird, wie in und bei Hilden (in den sogenannten Lehnsgemarken von Hilden und Haan) Kurcölnische Lehnsherrlichkeit und Bergische Landeshoheit Jahrhunderte lang sich berührten.

Alte Ortssiegel sind bezüglich Hildens nicht überliefert, das Siegel des ehemaligen Landgerichts daselbst ausgenommen, welches ebenso wie das Siegel der Pfarrkirche den h. Apostel Jacobus den ältern (mit Schwert und Pilgermuschel) darstellt.

Was schließlich die Mauerkrone über dem Schild anbelangt, so ist deren Ausführung als eine gute zu bezeichnen.

(Reg. Düsseldorf 9475)

6 Düsseldorf, den 6. Februar 1901

Euer Hochwohlgeboren erwidere ich unter Rückanschluß der Anlagen auf die gefällige Anfrage vom 26. v. Mts. ergebenst, daß ein Abdruck des Stempels des früher von der Gemeinde *Kaldenkirchen* geführten Siegels sich zuerst auf einem Actenstück des Staatsarchivs von 1711 hat nachweisen lassen und in dessen Text als Schöffensiegel bezeichnet wird. Um diese Zeit, um das Jahr 1700, scheint die Annahme dieses Siegels überhaupt zu fallen, denn in mehreren Urkunden aus den 70. und 80er Jahren des XVII Jahrhunderts lassen die Einwohner von Kaldenkirchen noch andere siegelführenden Gemeinden der Nachbarschaft für sich siegeln. Auch die stilistische Behandlung der Figur des Kirchenpatrons, des h. Clemens, und die Form der Buchstaben der Siegelumschrift deuten auf eine so späte Entstehung des Stempels hin.

Gegen die Weiterführung dieses Stempels seitens der heutigen Stadt Kaldenkirchen können meines Erachtens Bedenken nicht erhoben werden. Auch der Umänderung der Umschrift: Sig(illum) communi(tatis) Kaldenker(ken) in „Siegel der Stadt Kaldenkirchen" dürfte nichts im Wege stehen. Nur wird es sich empfehlen in den Buchstaben der neuen Umschrift den Charakter der Schrift der alten wiederzugeben; auf jeden Fall sind lateinische Lettern zu wählen.

(Reg. Düsseldorf 9475)

7 Düsseldorf, den 25. November 1901

Die heutige Stadt *Kaldenkirchen* hat während des Mittelalters mit dem südlich davon gelegenen Bracht ursprünglich eine Schöffengemeinde, einen Gerichtsbezirk, gebildet, dessen Hauptort in älterer Zeit Bracht gewesen zu sein scheint. Darauf deutet der Umstand, daß ein wahrscheinlich aus dem XIV. Jahrhundert stammender Stempel des Siegels dieser Schöffengemeinde die Umschrift trägt: S(igillum) scabinorum in Bracht comitis de Juliaco. Das runde Siegel zeigt im glatten Siegelfelde, rechts die gekrönte Gottesmutter sitzend mit der Linken das Christuskind haltend, in der Rechten einen Rosenstengel; links daneben einen aufrechten Löwen, ein Sternenbanner haltend. Die Gottesmutter ist die Kirchenpatronin von Bracht; der Löwe soll offenbar das Wappen der Grafen von Jülich, deren Wappenthier ein Löwe ist, versinnbildlichen. Im Laufe der Zeit, insbesondere im XV. Jahrhundert, wird im Text der Urkunden die Schöffengemeinde regelmäßig als „gemeine schepen van Bracht inde van Kaldenkirchen" bezeichnet. Dieser vorgeschrittenen Entwickelung von Kaldenkirchen trägt man im Jahr 1474 bei Anfertigung eines neuen Stempels insofern Rechnung, als unter Beibehaltung der früheren Siegelbilder nunmehr der Name Kaldenkirchen in die Siegelumschrift aufgenommen wird, die in Folge dessen lautet: S. scabinorum de Bracht et de Kaldenkerken. Dieses Siegels bedienen sich 1653 die Bürgermeisterei, Schöffen und Geschworenen des Vestes (Gerichtsbezirkes) und Kirchspiels Kaldenkirchen für sich selbst und im Namen ihrer Gemeinde. Das Schöffensiegel von Kaldenkirchen scheint also, wie am Niederrhein so häufig, — es sei hier aus dem Gebiete des ehemaligen Herzogthums Jülich nur auf die Beispiele von Gangelt, Gladbach und Heinsberg verwiesen — im Laufe der Jahre die Bedeutung des Gemeindesiegels erworben zu haben. Am Ende des XVII. Jahrhunderts hat dann freilich die Gemeinheit Kaldenkirchen sich ein neues Siegel stechen lassen, dessen Siegelbild ausschließlich den Patron der Kirche in Kaldenkirchen, den h. Clemens, darstellt.

Das Bracht und Kaldenkirchen in älterer Zeit gemeinsam gewesene Schöffensiegel zeichnet sich durch seine reichere bildliche Darstellung vor dem späteren Clemens-Siegel von Kaldenkirchen in sehr vortheilhafter Weise aus. Da ersteres zeitweise die Gemeinde Kaldenkirchen nachweisbar auch für sich allein geführt hat, so stehen Bedenken nicht entgegen, die Bilder dieses Siegels in einem neu zu beschaffenden Stempel der jetzigen Stadt Kaldenkirchen zu setzen. Es empfiehlt sich aber dabei auf jeden Fall auf die weit gefälligeren Formen des ersten Stempels zurückzugehen und vielleicht nur die stark verzeichnete Figur der Gottesmutter, deren langer Oberkörper besonders auffält, zu corrigiren. Ich mache noch ausdrücklich darauf aufmerksam, daß auf dem Abdruck des alten Stempels an der Urkunde von 1466 im Banner deutlich Sterne zu erkennen sind. Das Staatsarchiv besitzt keinen Abdruck des alten Stempels und ist daher auch nicht in der Lage, dem Bürgermeisteramt bessere Vorlagen, als sie dort zur Verfügung stehen, für den neuen Siegelstempel anzugeben. Wir wiederholen den gemachten Vorschlag, sich an Professor

Adolf M. Hildebrandt in Berlin zu wenden. Der Herr wird gewiß bereit sein, zunächst einen Entwurf nach den ihm mitzutheilenden Siegeln herzustellen, den das Bürgermeisteramt ja dann der vorgesetzten Behörde einreichen kann. Wir bitten auch uns Kenntnis von der Zeichnung geben zu wollen. Für die Wahl der verschiedenen Formate der Siegel ist wohl Professor Hildebrandt aus seiner reichen praktischen Erfahrung heraus ebenfalls am ehesten in der Lage geeignete Vorschläge zu machen.

Der Stadt Embleme für ein Wappen zu empfehlen, hat einige Schwierigkeiten. Sie hat wohl nie eine solche Bedeutung in früheren Jahrhunderten gehabt, daß sie gelegentlich ein kleines Contingent von Truppen, welche unter dem Banner von Kaldenkirchen ins Feld gezogen wären, gestellt hätte. Das hat verhindert, daß sich ein Stadtwappen herausbilden konnte. Ob den Sternen in dem Banner auf dem alten Siegel eine wappenmäßige Bedeutung zuzuerkennen ist, läßt sich bei dem Fehlen eines anderweitigen Zeugnisses dafür hier nicht feststellen. Das ganze Bild des alten Siegels in einen Schild zu setzen, dazu läßt sich kaum anrathen. Da wird es wohl noch am Richtigsten sein, zum jülichschen Löwen zu greifen. Nach unserem Dafürhalten würde es dann aber angemessen sein, ihn als Bannerhalter wiederzugeben, wie er eben auf dem alten Siegel begegnet. Will man die heutige Zugehörigkeit zu Preussen zum Ausdruck bringen, so muß man den jülichschen Löwen in geeigneter Weise mit dem Adler verbinden. Richtiger scheint es uns unter den angegebenen Umständen von der Erlangung eines Wappens überhaupt abzusehen.

Die hierher geschickten Urkunden folgen in der Anlage zurück.

(Reg. Düsseldorf 9475)

8 Düsseldorf, den 25. August 1902

Die uns übersandten und anbei wieder zurückfolgenden zwei Siegel bezw. Wappenzeichnungen zeigen beide das Wappen der Herren von *Wevelinghoven* und zwar die eine das vollständige, bestehend aus Schild mit Helm und Helmzier, die andere nur den Schild, belegt mit einer Krone. Die Gerichtsgemeinde (jetzige Stadt) Wevelinghoven hat sich in früheren Zeiten nacheinander zweier Siegel bedient, die nicht unwesentliche Verschiedenheiten von diesem Wappen der Herren von Wevelinghoven aufweisen. Das ältere dieser Gerichtssiegel, das nachweislich von 1443—1633 benutzt wurde, und in vielen Exemplaren im hiesigen Staatsarchiv erhalten ist, zeigt auf einem mit Rosetten bestreuten Siegelfeld zwei stehende Löwen, die mit den Vorderpranken den Helm und die Helmzier (Schwanenhals) des Wappens der Herren von Wevelinghoven als der Gerichtsherren halten. Die Umschrift lautet: „S. des gericht czo WevelKove".

In den Jahren 1644, 1646, 1670 zeigt sich ein neues Gerichtssiegel. Auf einem mit Rosetten bestreuten Siegelfeld halten zwei stehende Löwen mit ihren Vorderpranken einen Schild, der in seiner oberen Hälfte mit 3 Rosetten (2:1) belegt ist und den Helm mit Helmzier (Schwanenhals) trägt. Umschrift: „S. scabin in Wivelinkove". Ob die 3 Rosetten, die auf dem alten Siegel den Teil des Siegelfeldes zwischen den beiden Löwen bedecken, nur eine ornamentale Bedeutung haben, und in Folge eines Mißverständnisses in das neue Siegel aufgenommen wurden, oder aber, ob dies mit Absicht geschehen ist, läßt sich nicht entscheiden, jedenfalls enthält dies letzte, von dem Gericht zu Wevelinghoven benutzte Siegel — ein späteres hat sich nicht gefunden — die 3 Rosetten, und es wäre angemessen wenn sie auch in das neue Stadtsiegel aufgenommen würden.

Wir möchten Ihnen nun für das neue Stadtsiegel dieses Bild vorschlagen: ein von zwei Löwen gehaltener, gespaltener Schild, der links das Wappen der Herren von Wevelingoven, rechts die 3 Rosetten zeigt und von dem Helm mit Schwanenhals gekrönt wird. Die Farben des Wappens der Herren von Wevelinghoven sind: in rotem Feld zwei silberne Querbalken, auf dem Helm ein schwarzer Schwanenhals mit goldenem Schnabel und goldenem Kamm. Für die rechte Schildhälfte könnten Sie das Feld in Silber, die Rosetten in rot wählen.

(Reg. Düsseldorf 9475)

9 Düsseldorf, den 27. April 1903

Als Wappen der Stadt *Elberfeld* hat nach der Überlieferung der bergische Löwe zu gelten, der mit seinen Vorderpranken den Rost des h. Laurentius hält. In dieser Form wird er in einen Schild gesetzt. Wie dieser zu gestalten ist, kann von den jeweiligen Verwendungszwecken des Wappens abhängen. Alles Übrige jedoch, die Mauerkrone, das Spruchband unter dem Schild, Kartuschenumrahmung des Schildes etc. sind willkürliche Zutaten, die auf Rechnung des Geschmacks oder der Laune des Wappenbestellers oder Wappenverfertigers kommen. Auf eine Konsole hat man den Elberfelder Löwen gesetzt, wenn er im runden Siegelfelde ohne Schildumrahmung dargestellt war (Abdruck des Stadtsiegels von 1808).

Was nun die Gestaltung des bergischen Löwens betrifft, so erscheint er auf allen älteren Abbildungen, welche uns die Siegel der Grafen von Berg liefern, mit geteiltem Schwanz und gekrönt. In der gleichen Form haben ihn auch die Grafen von Hohenlimburg geführt, die ihr Wappen den bergischen Grafen entlehnt haben. Da es sich bei der Heraldik vielfach überhaupt um Phantasiegeschöpfe oder wenigstens um phantastische Ausgestaltung gewisser Tierarten handelt, so wird man den geteilten Schwanz für den bergischen Löwen auch heute beibehalten müssen. Die Tingierung des bergischen Löwen ist offiziell im preußischen Wappen, wie folgt, festgesetzt. „Im silbernen Felde ein roter blaubewehrter, blaubezungter und blaugekrönter Löwe".

Danach ist also der Doepler'sche Entwurf II derjenige, welcher in der Form des Wappentieres der Überlieferung am besten gerecht wird. Über die Farben, mit denen der bergische Löwe auf älteren Darstellungen tingiert war, sind neuerdings hier Nachforschungen angestellt worden; sie haben jedoch noch zu keinem gesicherten Resultat geführt, weil es noch nicht möglich war, das Material hierüber vollständig zu sammeln. Einstweilen läßt sich nur so viel sagen, daß auf den bis jetzt nachgewiesenen Abbildungen des XVII Jahrhunderts, welche von Beamten der jülich-bergischen Kanzlei herrühren, der Löwe ganz rot, ohne blaue Zungen etc. und zwar mit goldener (gelber) Krone wiedergegeben ist.

(Reg. Düsseldorf 9475)

10 Düsseldorf, den 7. Februar 1912

Euer Hochwohlgeboren beehre ich mich in der Anlage meine Darlegungen zu den *Städtewappen* des Regierungsbezirks ergebenst zu übersenden. Der von Euer Hochwohlgeboren gegebenen Anregung, größere Klarheit über die Städtewappen zu verbreiten, habe ich mich bemüht insofern Folge zu leisten, als ich dem Ursprung der Wappen vom Niederrhein historisch nachgegangen bin. Die Entwicklung der Städtewappen hängt mit derjenigen der Städtesiegel aufs engste zusammen. Da Endrulat in seinem Werk Niederrheinische Städtesiegel des 12. bis 16. Jahrhunderts die Wappen unberücksichtigt und auch die Gruppe der städtischen Schöffensiegel fast ganz außer acht gelassen hat, so waren umfangreichere archivalische Nachforschungen notwendig, durch welche die Erledigung von Euer Hochwohlgeboren Anfrage sich etwas verzögert hat. Die Zusammenstellung des Materials war aber zugleich im Interesse des Dienstes dringend erforderlich, um eine bessere Grundlage für die Beurteilung der ganzen Frage zu gewinnen.

Euer Hochwohlgeboren gegenüber habe ich mit meiner Auffassung über die heutige Behandlung der Städtewappenfrage, die auch von anderen Historikern geteilt wird, nicht zurückhalten zu sollen geglaubt. Ich bin der Ansicht, daß die Uniformierung, die damit vorgenommen wird, vom künstlerischen Standpunkt aus sehr zu bedauern ist. Warum Städte, die in alter Zeit ein volles Wappen mit Schild, Helm und Zier geführt haben, sich dessen heute nicht weiter bedienen sollen und anstatt Helm und Zier eine Mauerkrone auf den Schild setzen müssen, vermag ich nicht einzusehen. Ein ausgebildetes Wappenrecht gibt es doch heute nicht und hat es in der Vergangenheit nicht gegeben. Nur ein fremdes Wappen sich anzumaßen, ist allgemein verboten. Wappenembleme beliebiger Art kann sonst jeder für sich wählen. Die Städte freilich bedürfen für ihre Wappen, sei es daß es sich um Feststellung oder Neueinführung handelt, der allerhöchsten Genehmigung. Da sie zur Zeit nach einer Bekanntmachung des Herrn Ministers des Innern vom Jahr 1893 für Wappen nur erteilt wird, wenn die Mauerkrone mit dem Wappen verbunden wird, so täten manche Städte, auf deren Siegeln aus früheren Jahrhunderten Wappenembleme sich befinden, m. E. besser, von der Einholung der Genehmigung zur Führung eines Wappens überhaupt abzusehen und das Bild der alten Siegel weiter zu gebrauchen. Das kann ihnen wohl kaum verwehrt werden. Die Städte des linken Rheinufers und die ehemaligen Reichsstädte dürfen sich sogar auf die Kabinettsorder vom 22. Dezember 1817 berufen, in der ihnen ausdrücklich erlaubt wird, ihre alten Stadtwappen wieder anzunehmen. Für sie braucht also eine Allerhöchste Entscheidung nicht nachgesucht zu werden, wenn sie bei den Wappen nur auf die altüberlieferten Formen zurückgreifen. [. . .]

Für den Fall, daß das Buch von Endrulat in der Bibliothek der Königlichen Regierung nicht vorhanden ist, bitte ich ergebenst das Staatsarchiv zu benachrichtigen, damit das hiesige Exemplar zur Verfügung gestellt werden kann.

(Reg. Düsseldorf 31861)

11 Düsseldorf, den 29. Januar 1913

Urschriftlich nebst Anlagen ergebenst zurückgesandt. Die Ausführungen des Staatsarchivs vom 7. Februar 1912, die Euer Hochwohlgeboren überreicht sind, gingen hauptsächlich von dem Bestreben aus, dahin zu wirken, daß die neuerdings zu Städten erhobenen Orte des Industriegebietes davon absehen möchten, Wappen nach der Art, wie sie in den mittelalterlichen Städten gebräuchlich waren, zu wählen. In *Hamborn* hat man trotzdem wieder das bisher beliebte Verfahren eingeschlagen. Es bedarf daher keiner weiteren Begründung, daß der Entwurf zu dem neuen Wappen unseren Intensionen im Allgemeinen nicht entspricht.

Gegen den Entwurf ist im Einzelnen zunächst geltend zu machen, daß er nur einen Teil des alten Schöffensiegels von Hamborn aufgenommen hat. Außer der Klevischen Lilienhaspel weist dieses auch noch den Märkischen Balken auf. Da das Amt Dinslaken, zu dem Hamborn gehörte, während des Mittelalters auch zeitweise in den Händen der Grafen von der Mark gewesen ist, wäre es schon aus diesem Grunde angebracht, die märkische Wappenfigur ebenfalls in den Schild zu setzen. Überdies scheint das Hamborner alte Schöffensiegel aus der Zeit zu kommen, in der der Jungherzog Johann von Kleve die rechtsrheinischen Gebiete im Besitze hatte (ca. 1446). Dieser führte aber in seinem Schild sowohl die Lilienhaspel wie den märkischen Balken.

Sehr wenig ansprechend sieht u. E. das Zusammentreffen der beiden Figuren auf der Teilungslinie in der Mitte des Schildes aus. Der silberne Strom stößt direkt an den silbernen Herzschild des klevischen Wappens. Daß neben den Windungen des Silberstromes auch das Gold der Haspelbalken hervortritt, dürfte schon mit den Regeln der Tingierung nicht recht in Einklang zu bringen sein.

Verbesserungsvorschläge vermögen wir jedoch zu einem derartigen Entwurf überhaupt nicht zu machen, weil unserer Überzeugung nach Gutes dabei kaum herauskommen kann.

(Reg. Düsseldorf 9475)

12 Berlin, den 24. April 1926

Der Preußische Minister des Innern

Mit dem Generaldirektor der Staatsarchive ist eine Vereinbarung dahin getroffen worden, daß die Wappen von Gemeinden und Gemeindeverbänden, die früher von dem Heroldsamt begutachtet worden sind, fortan von den Staatsarchiven in heraldischer und historischer Hinsicht begutachtet werden. Ich ersuche ergebenst, Anträge von Gemeinden und Gemeindeverbänden auf Erteilung der Genehmigung des Staatsministeriums zur Führung eines Wappens vor ihrer Weiterleitung an mich zunächst dem zuständigen *Staatsarchiv* zur Begutachtung zuzuleiten.

(Reg. Düsseldorf 31861)

13 Düsseldorf, den 1. Juli 1931

Die Zusammenlegung von Einzelstädten bietet der Wappenbildung des neuen Gemeinwesens zwei Möglichkeiten. Entweder wird eine Vereinigung der Wappen der bisher wappenführenden Teilstädte unter deren möglichster Vereinfachung erstrebt oder ein neues Wappenbild angenommen. Da es eine wesentliche Aufgabe der Heraldik ist, die Tradition zu pflegen, ist der erste Weg im allgemeinen zu bevorzugen. Zudem pflegt es den Wünschen der Teilstädte zu entsprechen, im neuen Wappen zum Ausdruck zu kommen.

Der vorliegende Entwurf hat den ersten Weg gewählt. Er weist im oberen Schildfelde die obere Hälfte des *München-Gladbacher* Wappens und im unteren Schildfelde das Wappen der Stadt Rheydt auf. Der die frühere Landesherrschaft verkörpernde Jülicher Löwe im Herzschild entstammt dem unteren Felde des München-Gladbacher Wappens und als Beizeichen dem Wappen der bereits eingemeindeten Stadt Rheindahlen. Die Mauerkrone, die auch das Wappen der Stadt Rheydt bekrönte, soll die im Wappen der Stadt Odenkirchen stehende Burg verkörpern.

In historischer Hinsicht ist gegen den vorliegenden Entwurf nichts einzuwenden. Dagegen ist die der Wilhelminischen Aera entstammende Mauerkrone als der guten Heraldik widerstreitend abzulehnen. Wenn die Stadt Odenkirchen zum Ausdruck kommen soll, müßte auf die Verkörperung der ehemaligen territorialen Zugehörigkeit verzichtet werden und statt des Jülicher Löwen die Odenkirchener Burg in den Herzschild gesetzt werden. Eine Vereinheitlichung würde der Fortfall des blauen Wellenbandes bewirken. Da dadurch jedoch das Symbol für Gladbach, des Kernes des neuen Gemeinwesens ausgeschaltet würde, empfiehlt es sich nicht.

(Reg. Düsseldorf 51134)

14 Berlin, den 2. Januar 1934

Der Preußische Minister des Innern

Auf den Bericht vom 6. 7. 1933 erwidere ich ergebenst im Einvernehmen mit dem Herrn Ministerpräsidenten, dass ich aus grundsätzlichen Erwägungen der Aufnahme des Hakenkreuzes in Gemeindewappen im allgemeinen nicht zustimmen kann. Die Stadt *Wuppertal* wird daher bei Aufstellung eines Entwurfes für ihr Wappen von der Einfügung eines Hakenkreuzes Abstand zu nehmen haben.

(Reg. Düsseldorf 51135)

15 Düsseldorf, den 5. Oktober 1935

Der Wappenentwurf des Amtes *Korschenbroich* von der Hand des Heraldikers Wolfgang Pagenstecher stützt sich, wie in der hiesigen Stellungnahme vom 23. März d. Js. dargelegt wurde, auf das alte Schöffensiegel des Dingstuhls Korschenbroich, das den von der Halbfigur des hl. Andreas betreuten Wappenschild der Herren von Mirlaer-Mylendonk darstellt. Es ist vom 15. Jahrhundert ab im gerichtlichen Gebrauch gewesen. Der Entwurf ist darum in historischer und heraldischer Hinsicht einwandfrei.

Zur Frage der Verwendung der Orts- und Kirchenpatrone in den Gemeindewappen nimmt das Staatsarchiv im Einvernehmen mit dem Geheimen Staatsarchiv in Berlin-Dahlem folgende Stellung ein:

Ein heraldisches Symbol, das eine Jahrhunderte lange Geschichte verkörpert, ist an sich einem neu angenommenen Wappenzeichen, auf das traditionslose Orte angewiesen sind, vorzuziehen. Das Patrozinium bildet in Orten mit historischer Vergangenheit — nur diese kommen in Betracht — als Verkörperung des Alters der Siedlung ein wertvolles, geschichtliches Kennzeichnungsmittel.

Im Interesse der Wiederbelebung alter örtlicher Tradition ist bisher stets entsprechenden Anträgen der Gemeinden entsprochen worden. Zufällige persönliche Beziehungen zur Gemeinde zu Lebzeiten des Ortspatrons, die beim Apostel Andreas im Fall der Gemeinde Korschenbroich außerhalb des Bereichs der Möglichkeit liegen, sind dabei weniger maßgebend, als die historische Verbindung des Kirchenpatrons mit einem früher vielleicht bedeutsamen örtlichen Kult oder mit einem benachbarten berühmten Kloster. Ein bewusster Verzicht auf die kirchliche Vergangenheit wird sehr oft einen Verzicht auf die bekannte Vergangenheit überhaupt bedeuten, an die alte Gemeinden doch gern im Wappen erinnern möchten.

Neben seinem historischen Wert bildet aber das Motiv des Ortspatrons auch in künstlerischer Hinsicht ein schwer entbehrliches Mittel der Heraldik. Ein Verzicht auf die menschliche Gestalt, deren Darstellung in den Wappen sich zum grössten Teil mit dem Kirchenpatron deckt, würde, wie ein Blick auf unsere bekannten Städte- und Gemeindewappen zeigt, eine Verarmung der Heraldik bedeuten. Die bisherigen Symbole der in den einzelnen Gemeinden vorherrschenden Berufe, wie der Landwirtschaft und Industrie, sind nicht so abwechslungsreich, dass sie zusammen mit den Wappenmotiven der einstigen Landes- und Grundherren zur Wappenbildung der zahlreichen Gemeinden ausreichen. Eine grundsätzliche Ausschaltung der heraldisch wirksamen Verkörperungen der im Volkstum lebenden christlichen Gestalten würden der Wappenkunst ihre bildhaften Motive nehmen. Es sei nur an die ausdrucksvollen, kerndeutschen Darstellungen der ritterlichen Gestalten des Drachentöters Michael, des Symbols der Deutschen, und des Lindwurmtöters Sankt Georg erinnert. In gleicher Weise seien die im niederrheinischen Volks- und Brauchtum, dessen Stützung wünschenswert ist, verwurzelten Gestalten des seinen Mantel mit dem Bettler teilenden Reiters Sankt Martin und des Gabenspenders Nikolaus erwähnt.

Eine Verwendung der ganzen oder geteilten Gestalt des Ortspatrons oder seiner Symbole kommt jedoch nur dann in Betracht, wenn entweder eine ältere Siegeltradition oder eine bedeutsame Verbindung in kultischer oder sonstiger Hinsicht, (Namengebung, grundherrliche Zugehörigkeit zu einer Abtei u. s. w.) vorliegt. Im anderen Falle ist einem aus dem Geist der Gegenwart erwachsenen Symbol, dessen Schaffung Aufgabe des schöpferischen Künstlers ist, der Vorzug zu geben.

(Dienstregistratur Hauptstaatsarchiv, Wappenakte Korschenbroich)

16 Berlin, den 15. Dezember 1937

Der Reichs- und Preußische Minister des Innern
Betrifft: Wappengestaltung bei den Gemeinden.

In der letzten Zeit sind in zahlreichen Fällen Gemeindewappen verliehen worden, die ihren Ausgangspunkt von den Wappen deutscher mittelalterlichen Territorien nehmen (z. B. Kurköln, Kurtrier). Ebenso werden hier und da noch die Siegel landesherrlicher Landgerichte zum Ausgangspunkt für die Neuschaffung von

Gemeindewappen genommen und die in diesen Siegeln dargestellten Heiligen oder sonstige ausgesprochen kirchliche Embleme (z. B. Bischofsmützen, Bischofsstäbe) in neue Gemeindewappen übernommen. Diese historischen Zusammenhänge sind heute der Bevölkerung der betr. Gemeinde kaum noch bewußt; zum anderen Teil stehen sie aber auch mit der Entwicklung der Gemeinde nicht in einem so engen Zusammenhang, dass ihre Übernahme in neu zu schaffende Wappen gerechtfertigt wäre.

Im Einvernehmen mit dem Stellvertreter des Führers ersuche ich deshalb, in Zukunft an Stelle dieser Sinnbilder für die Gemeindewappen andere zu wählen, die entweder an sonstige geschichtliche Ereignisse anknüpfen oder die besondere Eigenart der Gemeinde in der Gegenwart und die gegenwärtige Zeitlage zum Ausdruck bringen.

(Reg. Düsseldorf 51138)